语言文学

王海静 著

民俗山西

杨茂林 主编

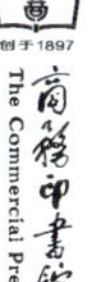

序

《左传·僖公二十八年》:“子犯曰:‘战也。战而捷,必得诸侯。若其不捷,表里山河,必无害也。’”

杜预 注:“晋国外河而内山。”

瞧这一片南北狭长的地带,地势由东北斜向西南逐渐下沉,里里外外分布着高山大河,几乎把山西全境给围了起来,造就了山西典型的黄土高原景致:一望无际覆盖的黄土,一览无余广布的山脉,几乎是山峦叠嶂、岭谷纵横,丘陵起伏、沟壑遍野,不乏险峻幽深,不缺粗犷雄秀,山色不同、神态各异,干旱少雨、四季分明。数千年来,我们的祖先一辈一辈生活在这里,自给自足,繁衍生息,同这块属于温带大陆性季风气候的土地相存相生相斗相融,把这里耕耘成了北方地区较为适合人类居住的地方。我一直认为,这个区域就是大自然的能量和人类的力量结合得最完美和最充分的地方之一。

一

东是巍峨雄伟的太行山脉,诸多名山从东北倾西南构成系

列山地，恒山、句注山、五台山、系舟山、太行山、太岳山、王屋山、中条山呈“多”字形延展，雄浑壮阔、不同凡响，不仅是黄土高原的东界，而且是中国地形第二阶梯的东缘。这里地势险要，山高林密，河川交织，干旱少雨，山间存在着不少沉降盆地。上党盆地周边群山环绕，清漳河、浊漳河汇流此地，平畴绿野，嘉禾郁郁，涓涓细水，成河飞流，泽州盆地周围皆山，中部平坦，丹河、沁河流穿其间，森林茂密，水源富集，岩洞奇绝，瀑布垂练，都是一派自然天成、引人入胜的景色。其南端主要是中条山脉，其中历山北倚汾渭地堑，南临黄河谷地，山势陡峭、山丘众多，气候温暖、雨量充沛；中条山兀立于运城盆地和黄河谷地间，陡峰深谷、层峦叠翠，丛林荫蔽、草甸丰美，适宜人类繁衍生息。太行山脉是我们祖先最早出现的地区之一，早在180万年前，远古人类就开始在这里活动，历经旧石器和新石器时代，留下了人类起源和社会演进的诸多轨迹，如曾经在北部山麓地带狩猎为生的许家窑人，在中部东麓过着原始定居生活的磁山人，在南边过着刀耕火种采集狩猎群居生活的下川人，还有离我们更近的、已经步入青铜时代的东下冯人。是这片古老广袤厚实的土地，以及生活在其上的粗犷淳朴勤劳的先人，一起创造共享传承了丰富多彩、恢弘大气的中华文明的历史篇章。

西是覆盖深厚黄土的吕梁山脉，自东北向西南横亘着七峰山、洪涛山、管涔山、芦芽山、云中山、黑茶山、关帝山、紫荆山、龙门山等断块山地，宛如一条脊梁，中间隆起两边低延。从西坡看，吕梁山地向黄河谷地延伸，整体上东高西低，黄土广泛覆盖，受季风影响，气候干旱温暖，丘陵众多，墚峁成群，沟壑纵横，间有台垣盆地，地形支离破碎；从东坡看，黄土断续分布，山多坡广川少，气候湿润寒冷，有土石山区、黄土丘陵、沿川河谷，有高山峻岭、高山草甸、高山天池，也有寒温带针叶林、温带针阔叶混交林、暖温带阔叶林。吕梁山脉也是我们祖先较早活动的区域，从旧石器时代起就有人类生存，吉县柿子滩遗址有中国历史上最早的“火塘”遗迹，到新石器时代，人类活动更加频繁，成为沟通中原和西部地区交往的重要纽带。吕梁山是个很奇特的地方，自然条件恶劣、生存环境艰苦，但数千年来，我们的祖先与天斗、与地斗，开创了适合自身的生产生活方式，成就了代代相传、生生不息的人类传奇。

两山之间则是一连串狭长的台阶式下降的断陷盆地，由东北向西南依次延伸，大致连成一条飘动的走廊，土地平坦，聚水避风，流淌着多条非常重要的河流，省域内数百处石器时代人类文化遗址几乎全部分布在这些河流两岸的台地与山前丘陵

地带上。大同盆地在省域北部，是北方之门户，边缘山地丘陵，留有多座火山，桑干河从中流过，两岸地势平坦宽广。至少约2.8万年前，在旧石器时代晚期，峙峪人就在这里繁衍生息。下来就是省境中部偏北的忻州盆地，有高山环绕，还有洪积平原发育的滹沱河上游谷地和地势平坦的忻定盆地。旧石器时代中期这里就出现了人类劳动，新石器时代更是广泛聚居着属于仰韶文化和龙山文化类型遗存的原始部落。太原盆地在省域中部，东西与山地相接，盆地由北东向南西延展，汾河中游穿过，土地宽阔肥沃。盆地边缘环绕着黄土台地和黄土丘陵，在仰韶时期就有人类活动，到了龙山时期，先人则出现在平原周边稍高的地方。往南过霍山口是临汾盆地，至侯马折向西，东西以大断层与山地相接，汾河下游穿经流入黄河，土壤肥沃，气候温暖。晚更新世早期的"丁村人"就在这里生活繁衍，过着采集狩猎的集体生活。作为山西新石器时代早期的枣园稼穑，就折射出先民早期的农业活动情况。陶寺文化更是标志了文明社会的到来，农耕成为养育先民的基本的生产生活方式。最后是运城盆地，省域西南部一个强烈的沉降盆地，盆地内多河湖堆积，涑水河由东北向西南流入黄河，四季分明、无霜期长。这里留存有很多旧石器时代至龙山文化晚期遗迹，是寻找夏文化源头的重要区域。

世界上很少有自然环境如此艰苦，人类的生命力又如此顽强生长、旺盛充沛的地方。我深切感到，这片土地非常慷慨，对一切已经发生、正在发生以及将要发生的都悉心收纳，从不推诿放弃，不会让任何劳动没了收获，至迟从180万年前开始，就以兼爱无私的博大胸怀，无怨无悔、不离不弃地养育了一代一代命运多舛、抗争不息、勤劳不怠、淳朴诚实的先民，留下了女娲造人、精卫填海、后羿射日、愚公移山等感人故事；而先民对自身价值的发现，对文明社会的探索，都来自身下这片土地，他们不断窥探自然的奥秘，挖掘生活的价值，调节社会的关系，忍耐痛苦的折磨，享受人生的快乐。凡此种种，经年累月，就在山西这样一个相对封闭的区域内，长出了富有特色的民俗文化，流出了含蓄而奔放、凄美而热烈的山西故事。我经常想，只有深刻了解了这片土地及其上的所生所长，人们才能进一步认识到，这个世界上多灾多难的古老民族，为何能一路走来、生生不息！

的确，自先民最早踏上这块土地，便在这里开拓自己、和纳他人。由于地理位置和特殊条件，农耕民族和游牧民族在这里持续对峙碰撞，不断有新民族迁入、有汉民族迁出，经常是大出大进，所以多民族在此杂居生活、交融文化，加之区域内各地环境差异较大，地理、水文、气候、物产、语言等多有不

同，使得生产生活、居民性格、社会交往等各具特色，因此，这里的民俗文化自然也是多元生长、丰富多彩，形式有异、特点纷呈。事实上，山西民俗有中国北方汉民族的文化共性，也蕴含独特的地域风情，这是自然因素的影响，也是民族融合的特殊文化气质的渗透。从胡服骑射到文明新装、从穴居野处到晋商大院、从羊皮筏子到黄河大桥，都呈现出物质精神生活的演进以及生产生活方式的变化，透露了山西民俗所涉及的民族生活和繁衍的信息，以及带来的关于民族生存和发展的启示，使人更加深刻地感受了传统文化视野下山西区域的人与人、人与自然、人与社会的关系。特别是，虽然这里生存条件不是很好，有些地方还很恶劣，人们活得比较艰苦，但是他们始终追求美好的强烈愿望、敢为人先的奋斗精神、诚信守义的生活态度，确实都通过民俗文化及其背后故事生动地跃然纸上，令我们感慨不已。作为后人，我们要有敬畏，应该倍加珍惜！

二

山西民俗涉及人们的衣食住行以及信仰、禁忌等方方面面的内容，有显著的活态特点和十分广泛的群众基础。从理论上看，“民”一般指民间或百姓，“俗”则多指其生活习惯或方式所涉及生活的文化。葛剑雄先生认为，“俗”比较稳定，存在时间较长，影响范围较大，这样“俗”被越来越多的人接受，逐渐成了群体生活的重要部分。而钟敬文先生则认为，民俗既是一种历史文化传统，也是人民现实生活中的一个重要组成部分。我个人以为，“民俗”形成的本身就是一个动态过程，然而一经历史沉淀就会成为传统，在得到群体认同的过程中，也会在观念、信仰、准则、习惯、制度等方面得到反映。因此说，民俗具有深刻的文化意义，是传统文化的重要内容，是不同地区人们生活智慧文化的外在体现。在挖掘整理和深入研究中，我始终有个深刻感受，那就是山西民俗是一种活化的历史文化资源，是传统文化的基础或底蕴，会与不断变化的现实环境相结合衍生出新的形式和内容。而在历史和文明演进中，山西民俗作为传统文化，在民间已经外化为制度和规约，内化为观念和认知，不仅在过去，而且在当下，在百姓日常生活乃至国家社会治理方面都起着重要作用。

事实上，民俗虽然说的是百姓的事情，但是具有非常强烈的主体意识，与民族的生命活力及其延续本身密切相关，很容易实现身份认同，享有共同的生命观。从民俗元素中抽象出的传统文化，都具有原始环境的本真韵味，是原初的思想和根底的行为，凝聚了最基本的人类思想和情感要素。从山西民俗中，可以发现不同时代的人的思想和行为特质，可以从人们思

想情感、生产生活中探寻那些流淌着的文化乡愁，那种与泥土青草、村落民居、山川河流同构的浓郁传统生活，通过人与人、人与物、人与天地之间的联系，来透视生长其中的信仰、情感、希望、乐观等。山西民俗反映了人类的生命力，以及人类在生生不息中摆脱不了的宿命。正如楼宇烈先生所认为的那样，生命是一代一代相延续的，父母子女、兄弟姐妹之间有血脉联系，彼此之间都是有责任、义务的。因此，从薪火相传意义上说，山西民俗在本质上就是一种代代延续、辈辈传承的责任或者义务。张岱年先生认为，中国传统文化有两个基本精神，一是“以人为本”，强调人的价值，表现人的自我认识和道德自觉心；一是“以和为贵”，强调人人和谐共进，表现人们的求同存异和多样性统一。山西民俗是特别讲求这些基本精神并以此为底色或本质的。

我国历史源远流长，多民族统一大国是两千年来的基本国情。任继愈先生认为，这个国情综合地显示着中华民族的思想文化、生活准则、宗教信仰、伦理规范、风俗习惯和政治制度。在他看来，观察中国历史、研究中国问题，都不能不以这个国情为出发点，又落脚到这个出发点。显然，任先生这段话主要是从形而上角度来思考的，但对我们深刻认识山西民俗文化有启示意义，因为多民族统一大国的两千多年的基本国情，同样是由悠久流长、多姿多彩的、与百姓生产生活如影随形的民俗文化显示的。换句话说，就是山西民俗文化能从多个角度、在多个层面反映着这一基本国情的思想、准则、信仰、伦理、习惯、制度的主要内容。所以，按照历史唯物主义的观点立场方法，对山西民俗进行文化意义上的梳理分析，更好展示其源流、概括其特点、阐释其价值、揭示其发展规律，对于进一步讲好中华文明、体现中华文明智慧力量，具有重要意义。

山西民俗需要守护和创新。楼宇烈先生说，传统就是我们的原创。这话很有道理。山西民俗作为这样一种原创性的重要传统文化，不能片面理解或者武断排斥，而要全方位记录好保存好，更要主动传承好弘扬好。在当下数据时代、智能社会背景下，在城市化迅猛发展进程中，山西民俗也要创新，以求更好生存发展，融入现代社会并发挥积极作用。因为，每种民俗都镌刻着传统文化内涵，流淌着民族精神价值，都会随着时代变迁而精进发展。今天，百年未有大变局与科技变革大趋势，为这种发展规定了方向和提供了条件。荀子有句话说得好，“循其旧法，择其善者而明用之”，意思是用其善并发扬光大，是发展的核心要义。我以为，其中最大的善，就是在发展中不断彰显人类的生命价值、拓宽人们的精神世界。对民俗文化研究而言，就是围绕生命本身及其延续意义，着力构建起更为广泛

的血脉联系和责任义务，并通过不断创造来维护血脉联系和履行责任义务。

山西民俗作为传统文化的重要组成部分留存至今，一定有它长期留存的原因，那些传统社会反复出现的生产生活方式，持续作用的约定俗成、长期持有的信仰禁忌，都与我们能走到今天有直接关系。五年前，当我们以山西文明历史角度，开始研究和撰写《民俗山西》时就讨论过，通过编撰这套文化读物想告诉读者什么、用什么方式告诉、期待产生什么效果的问题。自那以后，这些问题一直伴随着相关的挖掘整理、分析研究、撰写修改的全过程。现在本书即将付梓出版，我们对问题的答案更加清楚了，那就是以人为本、以文化人，不忘本来、面向未来，尽量做到系统全面、图文并茂，着力融合历史性和学术性，力求兼顾现实性和可读性，在此基础上，把一幅幅鲜活生动的民俗画卷奉献给读者，把一个个富有智慧的生产生活启示展现给世人，这应该就是我们研究历史的学者要担起的使命责任吧！

是为序。

杨茂林

2022年3月　太原

目　录

概　述

民间语言，又称民俗语言，和民间故事一起构成了“民间语言文学”，即语言民俗。作为最好的文学语言，民间语言文学产生于民众这块丰厚肥沃的土壤之中，发的是天籁之声，言的是群体之志，具有重要的文化传播功能，从语言形式上看，本身就是一种民俗文化。过去，相对于上层社会的主流文化而言，语言民俗只能作为一种支流文化存在；随着社会的发展进步，民众身份地位的不断提高，它逐步升华为民族文化的精髓，愈来愈受到各界的重视。

俗话说得好：“一部华夏史，半部山西册；三千年历史看陕西，五千年历史看山西。”万千年来古圣先贤的人文精神，孕育了山西人敦厚朴素、克礼守法、务实向学的淳朴民风；山西独特的地理环境和历史积淀塑造了三晋儿女吃苦耐劳、勤俭节约、顺时应变、兼收并蓄的优良品质。游山西就是读历史，正是特有的历史人文背景和自然地理条件，造就了山西别具一格的民俗文化风貌。索绪尔曾经说过：“一个民族的风俗习惯常会在它的语言中有所反映，另一方面，在很大程度上，构成民族的也正是语言。”赫尔德也曾说：“认识一个民族，首先要认识它的语言，民族的文化精神和文化心理无不通过语言表现出来，所以语言本身就是一种文化现象。”在三晋大地上，数千年来流传、积累的民谣俗语、传说故事，犹如满天繁星，数不胜数。它们

是山西民俗文化的历史见证者，具有鲜活的生命力。作为地方性的知识载体，山西民间语言文学蕴含着三晋文化多样性的精髓，既有远古的气息，也有现代的热浪；既有民俗的踪迹，也有文化的内涵，更有山西独具的“山药蛋”特色。如果把山西历史文化比作一道曲折悠长、琳琅满目的画廊，那么，民谣、俗语、传说故事就是其中不可缺少的点睛之笔，涵盖了山西的地理气候、名胜古迹、矿产资源、商业贸易、百姓食谱、民居住宅、戏曲艺术、交通旅行等诸多方面。通过这些丰富多彩的谣谚、生动有趣的民间故事和谐音求吉的方言趣语，人们能够更深切地理解为什么“自古不得河东不雄”，为什么说“五千年中国看山西”，并从中领略“雄踞中华、饮誉欧亚”的晋商风采，品味“世界面食之根”的山西面食，体验堪称中华一绝的“天井院”，欣赏“戏曲摇篮”中的生旦净末丑。

一方水土养一方人。山西民间语言文学不仅传承记载了山西人民的历史活动轨迹，以其沉厚的历史积淀和包容的宽广胸襟滋养着这里的人民，更充分反映出三晋大地上广大民众对生活的憧憬和希望。作为一种活态传承的民俗文化，它既是劳动群众生活实践的积累，也是当地人历代的集体智慧结晶，蕴含着丰富而生动的民俗事象，无论在任何时候、任何地方，对人们都是一种精神的洗礼！

山川风貌中的民间语言

民谚说："不懂天文地理，不足为将；不谙风俗人情，不可行商。"山西是中华文化的发源地，"华夏古文明，山西好风光"。早在180万年前，西侯度古人类就活动在今山西芮城县境内，黄帝之后的尧、舜、禹，都曾在晋南建都，华夏民族的祖先在这里繁衍生息。民间流行的说法是："尧都平阳（今临汾），舜都蒲坂（今永济），禹都安邑（今夏县）。"西周至春秋时，这里是晋国的所在地，故人们简称山西为"晋"；战国时，魏、韩、赵三分晋地而自立，于是人们又以"三晋"泛指山西；还因为山西位于黄河以东，所以唐、宋时期，山西被称为"河东"；又因为山西位于太行山以西，所以元代以来称为"山西"，一直沿袭到现在。故而民间又流传说："三千年看陕西，五千年看山西。"

山西是一个黄土覆盖的山地型高原，由东北向西南倾斜，全省疆域轮廓呈不规则的平行四边形，山地丘陵多而平原少。地形总特征是"两山夹一川"，或者说"两山夹一河"。山西东以太行山为界与华北平原相连，西以吕梁山、黄河为界同陕西接壤，南有黄河、中条山为屏障，北有阴山、外长城为关隘，境内山峦起伏，峡谷相间。故而省内流传一句俗语：“山高石头多，出门就爬坡。”从远古到现代，悠悠历史和灿烂文化成就了山西的数座名山。清光绪年间名儒王轩、杨笃、杨深秀等编纂的《山西通志》中曾说：“晋，古称负险用武之国，左太行，右大河，南连孟、怀，北通朔漠。其间名山大川，纵横条贯，磅礴数千里，周回十余郡，言形胜者，必首及焉。”所以，山西亦有“表里河山”的美称，即“外面有河，里面有山”。在山西这块古老的土地上，名山文化不但历史悠久，而且类型多样。这些名山大川又关联着不同的民谣和俗语，试以山西境内六大山系为例说明。

恒山北临岱，古寺半空悬

恒山，又称“人天北柱”“绝塞名山”，与东岳泰山、西岳华山、南岳衡山、中岳嵩山并称为“五岳”。自古恒山佳话多。武侠小说大师金庸先生笔下所描写的恒山派，其现实背景就是位于山西境内的北岳。恒山是海河支流桑干河与滹沱河的分水岭。恒山横跨晋、冀两省，西衔雁门关，东跨太行山，南障三晋，北瞰云、代二州，莽莽苍苍，横亘塞上，巍峨耸峙，气势雄伟。其中，倒马关、紫荆关、平型关、雁门关、宁武关地势险要，是塞外高原通向冀中平原之咽喉要冲，被称为“天下形

恒山

胜处，兵家卧虎地”，甚至有“得恒山者得天下”一说。

谚说：“北岳雄浑南岳秀。”传说舜北巡到恒山时，感慨其雄奇险峻，遂封为北岳，位列五岳之一，为我国著名的道教圣地，相传是张果老潜修之所，被称为“第五小洞天”。在明朝之前，北岳恒山一般指今河北曲阳县的大茂山，但是，在明清之际，北岳逐渐开始指山西省浑源县内的玄武山。

深山有静气。恒山主峰静谧清幽，超然脱俗，俗语概述它的风景是：“两峰一峡十八景，七宫八洞十二庙”“三寺四祠九亭阁，七宫八洞十二庙”。恒山最显赫的当数浑源县境内的“悬空寺”。“悬空寺，半天高，三根马尾空中吊”，即是对悬空

悬空寺

寺的形象概述。悬空寺为北魏建筑，上负危崖，下临深谷。全寺的 30 多处殿堂楼阁，全由插入岩石中的木梁来支撑。传说工匠建寺时曾受到蜘蛛织网的启示，因而又有民谣说：“悬空寺，寺悬空，神奇绝妙在天空；神仙指点蜘蛛网，金龙峡口显神宫。”

恒山北麓泉水甚多，有一泉名为“甘泉”，清澈透明，清香纯正，绵甜爽口，含钙盐极少。俗话说，“佳酒必有佳泉”，著名的“恒山老白干”便是用甘泉之水酿造而成。“恒山老白干”始产于明代，盛产于清代，当时民间传有“吸水烟到兰州，喝烧酒浑源州”的谚语。民间将恒山白酒与恒山黄芪、恒山悬

空寺并称恒山“三绝”。

五台山势峭，高杉碍落星

民间有言曰：“不到五台非好汉。”关于五台山的民谣谚语是最多的，如流传全国的民谚有：“金五台，银普陀，铜峨眉，铁九华。”普陀，即浙江省东北部莲花洋中的普陀山；峨眉，即四川省峨眉县西南的峨眉山；九华，即安徽省青阳县西南的九华山。此三山与位于山西的五台山合称为“佛教四大名山”，而五台山的地位和声望是无与伦比的。自古以来，它就是佛教信徒朝山礼拜的首选之所。

“说尽黄河只为水，说尽五台只为山。”五台山原名清凉山，因其五峰高耸，多在2700米以上，峰顶均为高大的缓坡平台，故称五台山。五台山位于五台县东北隅，北邻滹沱河谷地，西南与系舟山相接，东与太行山合为一体。说起五台山的五个台，有首民谣概述得极为形象：“东台有个望海峰，西台有个挂月峰，南台花园锦绣峰，云遮雾罩叶斗峰，巨龙翻石翠岩峰，山凹凹里万年冰。”

在五台山的五个台中，以北台顶最高，海拔3061米，为华北第一高峰，有“华北屋脊”之称。传说北台的峰顶叶斗峰，与北斗星的柄把相接，因此人们说：“站在北台顶，伸手摘星星。”其次是东台，东侧的河北平原地势陡降，清晨在这里观赏云海日出最佳，所以取名“望海峰”，古语说得好：“登上东台顶，极目到海瀛。”西台海拔2773米，山势险要，峡谷幽深，夜晚层岭朦胧，月挂山巅，皎若悬镜，因而取名“挂月峰”。南台远离四峰另居一脉，是五个台中最低的一座，每到夏季，13万多平方米大的台顶花团锦簇，五彩缤纷，故名“锦绣峰”。翠岩峰指中台，台顶平坦广阔，散乱着数百万年前冰川期过后留下的巨石，人称“龙翻石”。在中台与北台交臂的山凹里，有冰槽数丈，常年不化，人称“万年冰”。所谓“东台看日出，西台赏明月，南台观山花，北台望雪景，站在中台顶，伸手摘星星”，可以说，五座台顶五个样，各具特色，美不胜收！

太行山如砺，深去断人家

太行山为一系列高大的山脉，在山西省境内，北连恒山，南接中条山。“无太行，不山西”，充分说明了太行山的重要性。说起太行山，最值得一提的就是其中南端黎城黄崖洞，这里既是风景名胜区，又是革命传统教育基地。黄崖洞位于黎城县北20公里的深山之中，传说是黄龙替天行道、施雨济民的地方，抗日战争时期这里是八路军的兵工厂所在地。黄崖洞的入口俗称“瓮圪廊”，长500米，宽三四米，两侧双峰壁立，崖顶欲

太行山脉

合，只能看见一线蓝天，廊底山溪淙淙，曲里拐弯。俗语说："瓮圪廊，一步宽，曲拐九道弯。"过了瓮圪廊，便是百尺栈，是抗日战争时期黄崖洞保卫战的第一战场。1941 年冬，八路军近千人浴血奋战八个昼夜，最终取得了黄崖洞保卫战的胜利。

在太行山的余脉上，还有一座名山，那就是系舟山，又名小五台山。系舟山是太行山的余支，在忻州市东南 10 公里处，其主峰天翅垴海拔 2000 多米以上，山下相传是大禹疏通汾河拴船的地方。民谣说："系舟山，美名扬，大禹治水拴过船。"山上绿树成荫，溪水淙淙，还有 500 多米深的禹王洞，洞内一群群石钟乳像，冰清玉洁，或似簇簇莲花，或似雨后春笋，或

瓮圪廊

似刺猬爬行，千姿百态，赏心悦目。当地人认为系舟山有铜环铁轴，称“金环银地橛”，“系着忻州卧牛城，镇着太原大龙城”，乃是太原的镇城之山。阳曲县的古八景，其中一景“系舟信雨”就指系舟山预报天气的功能；民谚亦说“小五台戴帽，长工睡觉”，指每当系舟山山顶云雾盖头时就会下雨，因此这里又是历史上求雨祈福的名山。

秋艳太岳山，空灵消悒垒

太岳山，又称霍山，位于太行山西侧，北起介休的绵山，南至绛县的横岭关，与中条山相连，是汾河与沁河的分水岭。

灵空山是太岳最负盛名的旅游景点，地处沁源县西北40公里处。民谚说：“山不在高要景致，人不在大要本事。”灵空山的“油松之王——九杆旗”“一佛二菩萨”等树木全国罕见，有“无松不奇、无树不美”的美誉。山中幽静神秘，奇妙无比，使人产生“未向神拜佛，先觉庙堂灵”的感觉。进入宋代古建圣寿寺，更能体会“山鸟不知名利客，野花犹献庙堂香”的意境。令人稀奇的是，在风洞沟旅游线的第二道关隘前，年年野蜂群集，每到雨季，蜜汁就能随着山岩渗水流出来，所以当地谚语有“打开后寨门，蜜脂二千斤”之说。

崔嵬中条山，五老迴差肩

中条山位于山西省的西南部，西起永济，东连太行，跨越10个县市。因其居于华山、太行山之中，所以叫作“中条山”。

中条山主峰舜王坪海拔2300多米，在今垣曲县的历山。峰顶为20余平方公里的高山草甸。传说舜曾在这里耕地，大象拉犁，百鸟相助，感动了上天。尧帝闻讯后，将王位禅让给他。民谚说：“垣曲有个舜王坪，大象拉犁把地耕。”如今，人们攀上峰顶，还能看到草甸上有两条深深的犁沟，泥土四季清新。舜王坪顶万丈石崖边，还有一眼山泉，人称“滴奶泉”。传说尧帝的小女儿嫁给舜帝为妃，曾在这里挤过奶汁，后化为山泉。泉水虽然不大，但一年四季从不干涸。俗语有：“娥皇挤奶大节头，高山顶上水常流。”

山西省永济市东南16公里处的中条山脉上，著名的五老峰坐落在晋、秦、豫三省交会的黄河金三角中，与山西北部佛教圣地五台山双双齐名，故民间有“晋北拜佛五台山，晋南问道五老峰”之说。据说在《周易》成书之前，五老峰曾是河洛文化早期的传播地，道教全真派亦发祥于此，故而其被称为“道家天下第五十二福地”。五老峰又称“五老山”，相传尧帝为了治理黄河，曾登山观察水势，遇到5位老人授《河图》《洛书》，后5位老者在此化为流星升天，此山故而得名。历史上五老峰还素有“东华山”之称，山内云雾缭绕，布满奇花异草，景色非凡，风光旖旎，可谓“北有五台观庙宇，南在五老看风光”。

吕梁山关险，芦芽标胜迹

吕梁山位于山西省西部，北起朔县洪涛山，南至河津龙门山，绵延400公里。整个山脉分为东西两列，东为云中山，西为管涔山和芦芽山，中段为关帝山，末段龙门山被黄河穿切。该山脉蜿蜒崎岖，地肥水美，是山西的主要林区和夏季牧场。

芦芽山属吕梁山系，在宁武、五寨、岢岚三县境，有大小峰峦30多座，海拔均在2000米以上，犹如芦笋尖芽破土而

芦芽山

出，拔地而起。该山主峰达 2736 米，谚语道：“黄羊山敢高，达到芦芽山半腰。”黄羊山也是三县境内的一座名山。此谚通过两山相比，着意突出芦芽山的高峻。芦芽山还有数十处瀑布、池泊，是汾河、清涟河、兰漪河最早的源头。俗语“天旱雨淋山，雨歇山不干”“山有多高，水有多高，水随山走”，是用来形容芦芽山的水源优势和水势走向的。

临汾市西 16 公里处的藐姑射山也属吕梁山脉，最高海拔为 1742 米。山中有一片仙洞景区，奇峰危崖，洞穴遍布，庙宇殿堂，名碑巧塑，蔚为壮观。人们形容它“无山不石，无石不洞，无洞不仙”。这里有一处名扬四海的“神居洞”，洞中建庙，洞中藏洞，在大洞的北侧还有个缠腰洞，像一条弓形腰带，仅容一个人匍匐前行，所以人们说：“缠腰洞，险又狭；走一尺，爬三爬。”

“有山无水不秀，有水无山不壮。”山西不仅山脉高峻，而且河流纵横。山西的河流主要源于东西高原山地，分为黄河、海河两大水系。全省流域面积在 100 平方公里以上的河流就有 223 条。黄河以钻山凿壁之势，穿切吕梁山，形成举世闻名的壶口瀑布、龙门急流。

俗语说："黄河古道十八湾，龙门一湾到潼关。"汾河是山西最大的河流，全长 695 公里，是山西的生命线。沁河是山西第二大河，全长 456 公里，此外还有涑水河、桑干河、滹沱河、漳河等。

总之，山西的山共有四个特点：多、高、古、名。"晋省处处是关山"，山西的地理状况、气候特点，决定了它无论在政治上，还是军事上，都具有重要的战略意义，历来是兵家必争之地。清代著名地理学家顾祖禹在《读史方舆纪要》中写道："京师之安危，常视山西之治乱""天下之形势，必有取于山西"。他认为，只要凭山控水，保固山西，就能做到进可攻、退可守，"拊天下之背而扼其吭"。山西在自然地理上的这些优势，使其自古就成为中原、江南与北方草原地区的交通要道。不同的文化在相对封闭的空间里相互交融渗透，形成了特定的山西区域文化，使得山西不仅保存了很多传统文化的精髓，同时又兼容并蓄了许多外来文化的特质，奠定了山西在中国传统文化中的特殊地位，造就了山西别具一格的民俗文化风貌。

庙宇文物中的民间语言

山西是文物大省，文化旅游资源在全国占有相当大的比重。近年，全省的旅游业更是蓬勃兴起，带动了各行各业欣欣向荣的发展，山西正在由资源大省朝着文化大省转变。

人们说："十年中国看浦东，二十年中国看深圳，百年中国看香港，千年中国看北京，三千年中国看西安，五千年中国看山西。"还有种说法是："地上文物看山西，地下文物看陕西。"文物古迹，从不同侧面反映着各个历史时期人类的生产、生活和环境状况，作为一种以物质形式存在的历史文化遗产，它是一个国家、民族历史文化的主要载体。在我国，文物

古县延庆观

古迹是旅游资源的重要组成部分。山西省作为中华民族的发源地，堪称“文物大省”“旅游大省”，在旅游业的发展中具有举足轻重的作用。据有关部门统计，全省已经查明的旧石器时代文化遗址有200多处，新石器文化遗址有500多处，国家级重点文物保护单位总数已达119处，位居全国第一，如运城的永乐宫、关帝庙，雁北的云冈石窟、应县木塔等，山西的旅游景点如满天繁星，数不胜数。

洪洞广胜寺飞虹塔

人文灵杰育运城

运城地处山西的西南部，北依吕梁山，东峙中条山，西面、南面临黄河。又因地处黄河之东，所以古称“河东”。运城古因“盐运之城”得名，是中华文明的重要发祥地之一。从尧舜禹开始，运城是帝王新都之地，这里文脉深厚，名人辈出，名胜古迹更是不可胜数。其中，芮城是运城地区乃至山西

省唯一不涉及煤炭资源开发的地区，这里历史悠久、人杰地灵，是华夏文明的重要发源地，传说八仙之一的吕洞宾就出生在这里。

永乐灵宫观，画壁今犹全

“永乐宫，关帝庙，莺莺塔里蛤蟆叫”，这是民间老百姓对运城地区关帝庙、普救寺及永乐宫三处名胜最直接的描述。永乐宫，在芮城县城北 3 公里的龙泉村东侧，始建于唐代，扩建于元代，属全国重点文物保护单位。民谚说：“芮城永乐宫，祖师吕洞宾”“元代壁画永乐宫，道教祖师吕洞宾”。这不仅点出

永乐宫壁画

了永乐宫的起源、建筑特点，而且也指明其精华所在。吕洞宾是唐末道士，“八仙”之一，出生在芮城的永乐镇，后被全真教尊为北五祖之一。纯阳殿内现有吕洞宾从降生到成仙共计49幅壁画。各殿壁画总面积达1000平方米，题材丰富，笔法高超。尤其著名的是三清殿壁画《朝元图》，绘有诸神290多尊，头顶祥云，足登瑞气，令人惊叹不已。

蒲津渡桥断，铁牛镇河锚

永济市有句俗语流传甚广：“站在城墙往下看，四个铁牛镇河湾。”“城墙”指永济市的蒲州古城，“四个铁牛”指黄河大铁牛。据史料记载，唐明皇在开元年间，诏令兵部尚书张说主

黄河大铁牛

持修造蒲津渡桥，用 17 万公斤生铁铸了八尊铁牛做桥墩，从而沟通了秦晋两地的交流。后来由于黄河改道，铁牛被淤泥埋没。1989 年，经考古发掘，四尊铁牛方重见天日。如今，当人们来到这里，尽可领略 1200 多年前的盛唐风采，感悟古人的聪明才智。

宝塔跻半空，分合韵依存

民谣说：“绛州塔，会冒烟；蒲州塔，会叫唤；安邑塔，劈两半。”此民谣概述了运城地区三座代表性塔建筑的特点。绛州塔，亦叫龙兴塔，位于新绛县城的最高点龙兴寺，创建于唐代。古塔有一奇观，曾数次冒出缕缕青烟，每次都是半小时以后才逐渐消失。1971 年秋，塔顶冒烟现象重复十余天才止，围观者每日不下千人。有人断定是蚊虫缭绕，塔下一居民曾攀塔体铁梯而上，他手执沾有蜂蜜的白布，在腾烟之处扑打，

安邑塔

后飞身落到塔下，展开一看，并无蚊虫。塔顶究竟为何腾烟？国内专家曾多次考证，终不得其解。蒲州塔，即芮城普救寺的莺莺塔，“会叫唤”指蛙声。安邑塔，亦叫太平兴国塔，位于运城市安邑城内东北方向，始建于隋代，当地人引以为傲，民间有“安邑县，好高塔，离天只有丈七八”之说。1920 年，甘肃海原大地震，塔身裂成两半，却至今未倒，堪称奇迹。2012 年起国家开始对此塔进行修复，历时三年终于完工，耗资近 700 万元，现如今古塔面貌焕然一新。

秋风飞云绕，高楼出尘外

万荣境内流传一句话：“晚看秋风楼，早观飞云楼”，记述的便是当地两座奇楼最好的观景时间。“秋风楼藏秋风歌，秋风吹起扬黄波。”秋风楼，在万荣县城南 40 公里古后土祠东隅，因楼上存放着汉武帝的《秋风辞》碑而得名。楼身 3 层，高 32.6 米，楼两侧下方都有精雕吊柱，共 28 根，传说代表汉武帝的云台 28 将；上层是十字歇山顶，共有 36 个挑角，象征隋末瓦岗寨 36 兄弟；每个玻璃挑角上都装有彩色琉璃武将形象，共 108 个，象征梁山一百单八将。登楼远眺，黄河激流尽收眼底，别有一番意境。

与秋风楼齐名的还有飞云楼，为元明风格建筑，在万荣县城西大街的东岳庙内。楼总高 50 米，飞檐交错，斗拱层叠，

飞云楼

秀丽壮观，遥望如云带缠绕，故名“飞云”，为我国楼阁式纯木建筑的代表作。因县城原址为解店镇，所以人们说：“万荣有个解店楼，半截插在天里头”“解店有座飞云楼，半截插在天里头”。民间有“张王庙，解店楼，桥上门槛可过牛，万泉照壁拔了头”的说法，指的是古代万荣四大名景。“张王庙”即万荣峨嵋岭上的东岳庙；“解店楼”即飞云楼；“桥上门槛可过牛”，是指桥上村北的后土庙的舞台，台上唱戏，台下走人，牛甚至能从下边通过；“万泉照壁”是指万泉东岳庙的照壁，设计十分高大，令人震撼。四景中除了飞云楼，其他三处古景皆因各种历史原因不复存在。

灵祠名胜话临汾

临汾古称平阳，“东临雷霍，西控河汾，南通秦蜀，北达幽并”，地理位置极为重要，自古为兵家必争之地。远在10万年以前，临汾人民的祖先——“丁村人”就生息在汾河两岸。据尧典记载，帝尧建都平阳，故有“尧都”之称传世。传说仓颉造字于此，这里也是东汉时期名将卫青、霍去病的故里。临汾商周时称冀州，春秋属晋，战国属魏，春秋时为河东郡地，汉代称平阳县，两晋时期刘渊亦建都平阳，隋朝改为临汾县，沿用至今。历史上，临汾市也被冠以“华夏第一都”的美誉。

尧陵平水上，行人拜陶唐

临汾城西南5公里有一个伊村，传说是尧帝的出生地。在临汾东端郭行乡，可以看到一个高50米、周长300米的黄土丘，这就是传说中的尧陵，号称“华夏第一陵”。尧陵四面环山绕水，当地民谣用“青山不老水长流，水绕山环土一丘”来描述尧陵的古朴、肃穆。祠宇依陵而建，布局紧凑，木雕精细，现存古建筑山门、牌坊、碑亭为一轴线，左右两侧建有厢

房、耳房、献殿、古窑、看楼等附属建筑 28 间，碑碣石刻 19 通。陵区古柏葱郁覆盖，祠宇恢宏，松柏苍翠，涝河清流环绕而过，景色秀丽壮观，已经成为人们祭祀拜谒、旅游休闲的历史文化旅游胜地。考古部门在此发现了 14 万平方米的大规模龙山文化遗址，具有很高的历史研究价值。

临汾城南 3 公里处建有尧庙，规模雄伟，布局疏朗，内有五凤楼、尧井亭、广运殿、寝宫等。“五凤楼”始建于唐代乾封年间，距今已有 1300 多年的历史。楼高 19.3 米，3 层 12 檐，楼底有砖建窑廊 3 孔，有直通 3 层角柱 13 根，甚为雄伟。楼顶有陶人 30 多个，陶狮在中间，风吹过竟可以上下来回走动，设计精巧，令人称奇。据说，尧帝同他的四个大臣常登此楼远眺，以体察民情，商讨大事，当时人们便将他们喻为“五凤”。民谚“一凤升天，四凤共鸣”，寄寓着人民对于天降仁君、君臣协力、国泰民安的企盼。

铁佛寺

金顶塔琉璃，佛头佑平安

俗话说："平阳城的金顶塔，离天只有三尺八""大云寺塔九丈九，塔底下供的铁佛头""平阳有尊铁佛头，耳窝能蹲四五人"。临汾市古为平阳府，城内最突出的高大建筑物是唐代遗物金顶塔，也叫琉璃塔，是大云寺（俗称铁佛寺）的精华所在。塔为方形，6层，高30余米，按八卦方位建造。相传，塔上的顶原为黄金铸成，因而金光四射，分外惹人注目，百姓也呼为"金顶宝塔"。一天夜里，金顶竟不翼而飞，换成了铜顶，并且匆忙之中，铜顶没有放正，成了倾斜的。由于宝塔上层为砖砌实体，无人可以登塔，金顶如何变铜顶，就成了人们心中的谜。实际上，铜顶是由一种品质优良的风磨铜铸造的，

300年来风吹雨打，不仅不锈不蚀，而且大风愈烈，光芒愈显，时至今日，依然耀眼夺目，光泽不减，堪称一奇。塔的底层有一尊造型丰满、眉目端庄的铁铸佛头，高6米，宽5米，中间是空的，后脑有孔可入，能容8人共宴；其耳轮长2.9米，耳窝里能蹲下四五个人。每当人们抬头仰视，无不为这尊巨大的铁佛头惊叹称奇。传说伸手触摸这尊佛头的五官，可以保佑平安，带来好运，日久天长，不仅佛头鼻尖上原先敷有的泥土早已掉光了，而且露出的生铁也被千万人抚摸得油光发亮。

携沙奔壶口，山呼惊雷动

壶口瀑布乃黄河第一大瀑布，在吉县城西46公里处，相传为大禹神斧开凿。民谚说“一里壶口十里雷”，黄河水到此大浪滔

壶口石刻

壶口瀑布

天，如一壶倾注，惊起巨雷声声。壶口宽 30 米，深约 50 米，滚滚黄河奔流至此，倾注沟潭，巨大的落差形成极为壮观的壶口瀑布，仿佛“天下黄河一壶收”。滔滔黄河水从数百米的河床涌至此地，被两岸大山挟持，陡然收缩，跌落在宽仅 30 米、深达 50 米的石槽中，如壶口倾斜，飞流击石，巨浪喷壁，激起团团水雾烟云，形成了“岸旁无雨挂长虹”的景观，人称“水里冒烟”。过去大小船只到此都无法航行，只得借用人力或机械，将船沿山的西侧拖过去，再入河道，故有“旱地行船”之说。因壶口水势湍急，难以利用，沿河两岸旧时多干旱，民谚道：“壶口沿岸，十年九旱。”当地还传说，壶口的石槽经过年复一年的冲刷磨损，已经有九里深了。另外，民谚还有记载：“壶口九里深，一年磨一针。”“一针”，形容水磨石槽的艰辛不易，凭黄河自身的动力冲刷出来，河床每年增宽一针。据地质部门测量考证，壶口瀑布受水量、含沙量、地质、向源侵蚀等因素的影响，每年平均向后推移约 3 厘米至 4 厘米。正所谓“山西

壶口观细节”，壶口景色四时各异，是“中国旅游胜地四十佳”之一，其奔腾汹涌的气势是中华民族精神的象征，其地质遗迹的文化、科研价值更引起了相关专家的重视。2001 年，壶口被确定为国家级地质公园。

民间有言：“大禹神功何处有，壶口南去有龙门。”位于壶口下游处的龙门，是神话故事“鲤鱼跃龙门”的发源地，有“龙门三激浪，平地一声雷”“黄河西来决昆仑，咆哮万里触龙门”之说；又传说这里为大禹治水所凿，“龙门”后又改名“禹门口”。相传大禹凿龙门时，曾有两员大将相助，一名曰“傲”，一名曰“羿”，当地流传着“傲羿两员将，禹王双臂膀；凿石开山河，美名天下扬”的民谣。此处河道逐渐狭窄，东西两侧山壁夹立似门形，黄河波涛汹涌澎湃，可谓“禹门三级浪”，如虹霓之射。

风吹云带行雁北

山西有“九塞尊崇第一关”的雁门关。“天下九塞，雁门为首”，此关以北的地区曾被称为雁北地区，这既是一个地理概念，也是过去的行政区划名称，现已不复存在。原所辖十三县，七县属大同，六县归朔州。其中，大同素有“龙壁之乡”的美誉，五龙壁、九龙壁、团龙壁等各式各样的龙壁几乎遍布

雁门关

全城。尤其是东街路南的九龙壁，活灵活现，宛如再生，堪称“龙壁之冠”。更奇的是龙壁后边有两眼井，相距不过一米，水质却苦甜迥异。民谣说：“三步两眼井，一眼甜来一眼苦；甜水能食用，苦水能治病。”

云冈含云巢，石窟众灵飞

“大千佛教在云冈，五万菩萨好造像。”云冈石窟是举世闻名的艺术宝库，“中国三大石窟群”之一，坐落在大同市西郊 16 公里处的云周山南麓，现有石窟 54 个，初创于北魏，现存大小佛像 51000 余尊，其中最小的只有 2 厘米。昙曜五窟是云冈石窟中现存最大的石窟，也是大同文化艺术的标志，窟内

云冈石窟

释迦牟尼佛像高 17 米，双腿长 15.5 米，仅大佛的一只脚面上就可站立 12 人。所以有“云冈有个大佛像，屁股坐在云头上”之说。云冈石窟所表达的不仅是宗教文化和信仰，更是一部写在石头上的民族文化交融史。2002 年，云冈石窟被列入《世界文化遗产名录》。

应县叹神工，木塔矗千年

应县木塔建于辽清宁二年（1056 年），是我国现存的最古老、最高大的古代木构建筑，也是世界木构建筑中的罕见珍品。它位于县城北侧的佛宫寺，总高 67.13 米，平面呈八角形，塔内夹有暗层四级，外观五层，实为九层。塔内每层都有色彩鲜明的彩塑佛像和飞天壁画。当地人说："应县塔，离天二尺八""远看擎天柱，近看百尺莲""应县木塔九五层，塑像壁画色彩明"。由于木塔的高超造艺，人们常把应县塔同河北沧州40吨重的铁狮子、正定县铜铸的菩萨并论，说"沧州狮子应州塔，正定府里大菩萨"，分别体现了古人在铁铸、木构、铜铸三大领域的艺术成就，名扬海外。

应县木塔

林庙亭台秀忻州

忻州古称"秀容"，简称"忻"，别称"欣"，其北邻大同、朔州、呼和浩特，南毗太原、吕梁、阳泉，西隔黄河，与陕西榆林、内蒙古鄂尔多斯相望，东倚太行山，与河北石家庄、保定接壤。忻州素有"晋北锁钥"之称，山岳纵横，地貌多样，境内寺庙众多。最出名的当数五台山了，据五台山佛教协会统计，持有五台山佛教协会宗教活动场所资格的有120多家寺庙，

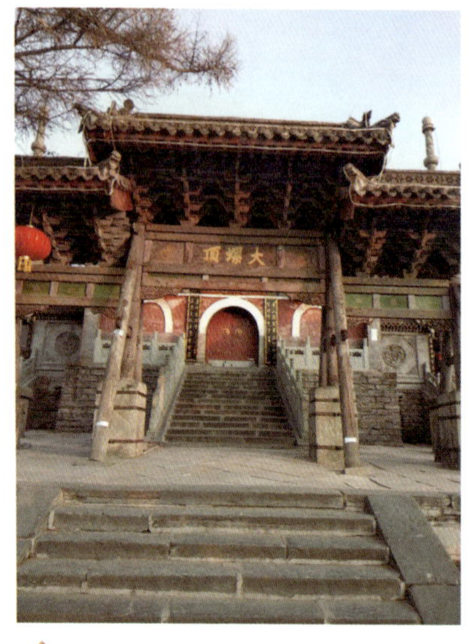

大螺顶

分布在台内的有57座，其余的在台外。

民谚常说：“穷山石头多，名山僧侣多”“好山好水僧占了”“世上好言佛说尽，天下名山僧占尽”。据说，五台山从东汉时修建大孚灵鹫寺开始逐渐成为佛教圣地，南北朝时已有寺庙200多处，唐代达360多处，尽管历史上屡遭破坏，但到清末还有122处。因此，民间流传着这样一句俗语：“五台归来不看庙。”现今五台山尚存50余座寺庙，数量虽不及以往，但仍系统地体现了唐、宋、辽、金、元、明、清各代的风格，堪称唐代以来的中国建筑史。

俗话说，五台山上有“游不完的寺院，数不清的和尚”。寺院中要数黛螺顶最有渊源，明朝时亦称“大螺顶”。人们常说：“不登黛螺顶，就不算到五台山”“不登黛螺顶，不算五台客”，更有“来五台山不登黛螺顶就像去北京不上长城一样”的说法。明清以来，多数帝王都曾登临黛螺顶。峰顶大雄宝殿前方有一棵松树和一棵柏树，乾隆皇帝曾题诗曰：“阶下千年不老松。”人们把登上五座台顶，朝拜五方文殊，称作“大朝台”；把登上黛螺顶，在五方文殊殿朝拜菩萨，称作“小朝台”。登顶方式有三种，徒步、坐缆车和乘马，然而忠实的信徒大多选择徒步登“大智路”上山，民间流传“要至黛螺顶，必登大智路”一说。走大智路当是登顶最快的办法，但颇为陡峭，全程由青石板块铺成，共计 1080 个台阶。1080 在佛教中指“十界”各有“百八”之意，“百八”代表“百八烦恼”之意，迈过 1080 级台阶，便能消除烦恼，增福添慧，一生平安。

民谚曰：“先有佛光寺，后有五台山。”佛光寺比五台山成名还早，创建于北魏孝文帝太和二年（478 年）。据说，北魏孝

佛光寺

文帝当年造访五台山，走到南台山顶时，忽然看到霞光云涌，孝文帝以为是文殊菩萨的佛光，就在出现霞光的地方，建造了佛光寺，隋唐时达到兴盛，影响远及日本。著名的建筑学家梁思成称五台山佛光寺为“中国第一国宝”，因为它打破了日本学者的断言：在中国大地上没有唐朝及其以前的木结构建筑。由于寺庙历史悠久，寺内佛教文物珍贵，故有“亚洲佛光”之称。全寺计有殿堂、楼阁、窑房等 120 多间，罗汉塑像 500 多个，在佛刹中被誉为“中华瑰宝”。寺中最令人津津乐道的是它的主建筑东大殿，该殿建于唐宣宗大中十一年（857 年），距今 1100 多年，堪称国宝。20 世纪 80 年代初期，人们在大殿门板后面发现了唐朝人游览佛光寺的留言，这具门板，也是中国现存最古老的木构大门了。东大殿内的佛坛上有唐代彩塑 35 尊，其中，释迦牟尼佛、弥勒佛、阿弥陀佛等塑像 33 尊，高 1.95 ～ 5.3 米不等。东大殿的墙壁上，还有唐代壁画 10 余平方米，内容均为佛教故事。壁画中上千个人物，连同他们的饰物、衣纹，都画得非常细腻。

显通寺，是五台山的第一大庙，始建于东汉时期，俗称“祖寺”。东汉永平十一年（68 年），汉明帝从西域请来印度僧人摄摩腾和竺法兰，在京都洛阳建白马寺，这是中国修建佛寺的开端。这一年，摄摩腾和竺法兰来到五台山，法眼识圣地，立即相中五台山的风水，并奏明汉明帝在这里破土建寺，揭开

显通寺

了五台佛国历史的第一页。全寺占地8万平方米，各种建筑400多间，其中大雄宝殿为五台殿宇之最，重大法事活动多在此殿举行。人们只要在显通寺，便可了解五台山的古今大事，为此，民谚说："不出显通寺，可知五台事。"显通寺内有一铜殿，全用青铜铸件组装而成。殿内正中有铜铸文殊坐狮像，四壁有万尊铜铸小佛像。传说此殿是妙峰祖师云游多年，走了13个省、1万户人家，化缘10万斤铜，才得以建成，所以又有"显通，显通，十万铜"之说。

关险河急过吕梁

吕梁地区位于山西省中部西侧，因吕梁山脉由北向南纵贯全境而得名，是中华民族的发祥地之一。早在旧石器时代，就有人类在这里繁衍生息。境内自然景观优美，文物古迹景点甚多，革命纪念地和革命遗址闻名中外。

“三十里桃花洞，四十里抖气河”，这里所提的桃花洞和抖气河是吕梁地区的两大奇观。桃花洞，位于汾阳市城西 20 公里的向阳镇西峡口，洞内现存北魏遗物石刻佛像 9 尊。春日山峡流水，桃花盛开，景色壮观。抖气河，又叫三川河，在柳林县境内，全长 66.7 公里。该河流经上青龙、寨东地段时，注入了河床温泉（泉口水温可达 18 ～ 20 摄氏度），到了冬季，蒸气袅袅，白雾蒙蒙，十分壮观。

吕梁地区最有名的当数北武当山。北武当山位于方山县城南 37 公里处。它由 27 峰、36 岩、24 涧组成，主峰海拔 1983 米，素有“集华山之险、黄山之奇、泰山之雄、庐山之秀为一体”的美誉。据史书记载，北武当山早在唐代以前就是一处具有道教色彩的朝拜圣地。因为山势峥嵘，过去登山只有一条人行道，要经过 1400 余级石磴、220 级天梯，攀过南天门，才能到达主峰顶，所以俗话说：“游山不经石栈道，等于未到北武当”“五里黄土五里沙，五里石磴往上爬”。从 1990 年起，北武当山被确定为全省唯一的道教活动场所，每年农历三月举办庙会。现在，北武当山是国家级风景名胜区。

“填不满的碛口，装不完的曲峪。”吕梁山脉西麓、黄河之滨的碛口古渡口，享有“九曲黄河第一镇”的美誉。码头是曾经最为便利的交通集中地，碛口古镇则是九曲黄河入晋的第一小镇。河流到达碛口便水势汹涌，“一石激起千层浪”，各种经过的船只无法通行，不得已从此地开始转为陆上交通，其重要性可见一斑。作为晋商的发源地之一，碛口还被称为“水旱码头小都会”。据说当年此地经营油的商号最多，每天都能卸油几万斤，民间流传着“碛口街上尽是油，一天不驮满街流”“碛口三天不发油，汾阳店面上就点不着灯”的说法。“碛口家家有银子，一家没银子，收拾几盒子”，体现了碛口古镇曾经的繁荣。

城固院深锁晋中

晋中，顾名思义位于山西省中部地区，包括太原、吕梁、阳泉和晋中市。该区地势起伏不平，河谷纵横，地貌类型复杂多样，有山地、丘陵、台地、平原。东西有太行山和吕梁山围绕，中部有著名的汾河穿过，地势两边高中间低，汾河的支流

平遥古城

从两边流向中间，形成山谷。晋中是晋商故里，纵横商界 600 年，曾经创造过举世瞩目的经济奇迹。西方学者把山西商人同犹太商人相媲美。提起晋中，或许有很多人不是很熟悉，但提到平遥古城、乔家大院等，还很少有人不知道的。

闹市观平遥，旧迹见衙门

民谚说：“南有丽江，北有平遥”“平遥城墙，绛州教堂”“平遥城，凤凰城，市楼盖到正当中”“晋中哪儿最有名，还数古老的平遥城”。平遥古城保留了我国仅存的最完整的古老城墙，1997 年被联合国教科文组织列入《世界遗产名录》。古城为明代扩建，高度为 6 ～ 10 米，周长 6157 米，城墙上可

平遥街道表演

以并行两辆马车，建有 72 座敌楼，3000 个垛口。平遥古城目前基本保存了明清时期的县城原貌，有“龟城”之称，当地人称：“走走龟背背，享福一辈辈。”城的南门为龟头，门外两眼水井象征龟的双目。北城门为龟尾，是全城的最低处，城内所有积水都要经此流出。城池东西四座瓮城，双双相对，上西门、下西门、上东门的瓮城城门均向南开，形似龟爪前伸，唯独下东门瓮城的外城门径直向东开，据说是造城时怕乌龟爬走，于是将其左腿拉直，拴在距城二十里的麓台上。城内有明清一条街上的古衙门、古寺庙、古市楼、古民宅、古店铺，商品琳琅满目，俗话说得好：“平遥古城三件宝：漆器、牛肉、长山药”；城外有创建于五代时期的镇国寺、东方彩塑艺术宝库

双林寺等，构成了一个宏伟壮观的文物建筑群。

平遥古城是按照汉民族传统规划思想和建筑风格建设起来的城市，集中体现了公元 14 至 19 世纪前后汉民族的历史文化特色，对研究这一时期的社会形态、经济结构、军事防御、宗教信仰、传统思想、伦理道德和人类居住形式有重要的参考价值，具有汉民族的传统文化特色。

乔家红灯挂，一院一人间

民居大院是汉族民居建筑的典范，向有“北在山西，南在安徽”之说。皖南民居以朴实清新而闻名，晋中大院则以深邃富丽著称。在山西，元明清时期的民居现存尚有近 1300 处，其中最精彩的部分，当数集中分布在晋中一带的晋商豪宅大院，其建筑雄伟，精雕细刻，匠心独具，兼具南北汉族建筑文化。这些建筑群将木雕、砖雕、石雕陈于一院，绘画、书法、诗文熔为一炉，人物、禽兽、花木汇成一体，姿态纷呈，各具特色，充分体现了古代汉族劳动人民的卓越才能和艺术创造力，称得上北方地区汉族民居建筑艺苑中的一颗璀璨明珠。

谚语说:“皇家看故宫，民宅看乔家”“旅游不到‘在中堂’，白到山西跑一趟”。“民居大院游”亦是晋中旅游的一大特色。张艺谋的一部《大红灯笼高高挂》，让沦为财富象征符号的晋商深宅大院，在沉寂一百多年之后重新走向世界。《大

王家大院

红灯笼高高挂》的拍摄地——乔家大院，即清朝富商乔氏家族的宅院，位于祁县东观镇乔家堡村，共有 6 个大院、313 间房屋，外观威严高大，内饰富丽堂皇，充分展示了我国古代建筑高超的工艺水平，被誉为华北第一民俗博物馆、北方民居建筑史上一颗罕见的明珠。“在中堂”是主人给大院起的名字，意谓恪守中庸之道。

民谚还说：“乔家一条巷，常家两条街。”与乔家大院相比，榆次的常家庄园别有特色。常氏家族在清朝时期大兴土木，占地 6 万多平方米，修建楼房 40 余幢、住宅 1500 余间，现存有“一阁、两轩、三院、四园、八帖、九堂、十三亭、二十五

渠家大院

廊、二十七斋”。常家庄园集北方厚重与南方灵秀之精粹，熔儒家秩序与道家浪漫于一炉，是晋商大院中最具有儒商特色的典范。除此之外，晋中尚有灵石县“王家归来不看院”的王家大院、祁县号称“渠半城”的渠家大院、太谷县号称“三多堂”的曹家大院等，都各具特色。

灵山福水蕴太原

太原市作为省府所在，是一座具有4700多年历史、2500多年建城史、“控带山河，踞天下之肩背”、“襟四塞之要冲，控五原之都邑”的历史古都。

太原市三面环山，有“一条玉带贯南北，两岸景点如翡翠”的汾河穿城而过，自古以来就是中国北方的军事、文化重镇，作为山西省的政治、经济、文化、交通和国际交流中心，有“锦绣太原城”的美誉。在辖区古交市发现的“旧石器文化遗址”证明：10万年前就有人类在这里繁衍生息。太原也是我国北方重要的商业、工业城市，在清代，这里的粮行、绸缎、钱庄等十大行业曾盛极一时。太原市地肥水美，物产丰富，清徐葡萄、晋祠大米、老陈醋都是享誉四海的名产。太原市的旅游资源丰富，人文景观众多，除晋祠外，还有双塔寺、崇善寺、纯阳宫、天龙山、崛围山、唐槐园等多处景区。

过去，民间曾流传有“遛遛海子边，看看冀美莲，逛逛双合成，抽抽顺风烟”的说法。“海子”是太原方言，表示水潭、水池、湖的意思，“海子边”是太原五一大楼西面的一条街，曾经是太原最繁华的地方；冀美莲是晋剧发展史上不可多得的名角；“双合成”始创于1838年，是山西食品业有名的糕点品

牌；“顺风”则是太原卷烟厂20世纪30年代末的一个自创品牌，曾经风靡一时。人们认为，来老太原只要完成了上面这四件美事，就算没有白来。随着时代的发展，如今的太原也发生了翻天覆地的变化，拥有“中国优秀旅游城市”“国家历史文化名城”“国家园林城市”等多种称号。

古典园林晋祠风景优美，文物荟萃。有人说：“三晋之胜在晋阳，晋阳之最在晋祠。”晋祠位于太原市西南25公里的悬瓮山下，是我国现存规模最大的古代园林式祠庙建筑群。晋祠

又名唐叔虞祠，是为纪念晋国的开国元勋姬虞而建的，至今至少有1500年的历史。民谚说：“不游晋祠，枉到山西。”祠内存有许多国内仅有的文物精品，如圣母殿、宋代的仕女塑像等，常言道：“晋祠有三绝：周柏、宋塑、难老泉。”因为难老泉是晋水的主要源头，所以民谚又说：“生在晋祠边，不知有天旱。”民谚还说：“晋祠三块牌：难老、对越、水镜台。”圣母殿前有个“对越”牌坊，是明代书法家高应元为治母病捐建的；“对越”二字为傅山手书，原意是“报答宣扬祖先功德”。祠内还有坐东朝西的戏台，叫“水镜台”，寓意为“清水明镜，不可以形逃”，善恶忠奸尽人皆知。“水镜台”体现了殿、台、楼、阁四种风格，台前两侧各埋下四个“大瓮音箱”。

“文物无言，蕴藏了千古智慧；历史有知，倾诉着百代兴衰。”随着历史的车轮的滚滚向前，山西正在朝着“旅游大省”与“历史文化大省”迈进。古老的山西，一改往日默默无闻的形象，一次次高调地出现在世界的视野里：从中国小轮车比赛的永久赛场，中部经济博览会的承办地，到第二届全国青年运动会的盛大开幕……现在的山西，依然保留着历史给它的沉淀，博大精深的历史文化，悠久的华夏民族精神，已经深深扎根于山西太原人的基因之中。

矿产资源中的民间语言

“北煤南磷”“南方的雨多，山西的煤多”“山东山西山里有，湖南湖北湖里出”。这些话一语中的，点明了南方和北方物产资源的不同特点。那么，山西的“山里”究竟“有”什么呢？

山西的矿产资源丰富，分布广泛，种类繁多，截至2015年底，已发现的矿种达120种，其中煤层气、铝土矿、耐火黏土、镁矿、冶金用的白云岩储量居全国之首，铁矿、蛭石、珍珠岩、铁矾石、煤炭等储量也名列前茅。“人离不了吃饭，火离不了煤炭”，山西煤炭资源的地位一直排在全国首位，素有“北国煤海”之称。地下丰富的煤炭，繁衍了地面上从事煤炭开采的特殊行业，在漫长的历史发展过程中，培育了与煤炭相关联、以煤炭为载体的煤文化，构成了中国传统文化中极富代表性的一个类型。

晋炉照夜沉，乌金藏蓄阳

俗话说：“开谈不讲煤和炭，纵说山西也枉然。”山西煤炭资源丰富，全省地下近40%的面积有煤层分布；截至2015年底，山西煤炭资源储量占全国的17.3%，位居全国第三，年总产量排全国第二位。难怪老百姓说：“山西不缺烧，住在煤圪塄。”外地人也说：“山西家，山西家，煤当饭，醋当茶。”烧煤就和吃饭一样平常，可见煤炭之多。

山西煤炭的开发历史，首先要从晋城说起。晋城的煤炭开采最早可以追溯到周代，战国时已应用于兵器制造，唐宋时期渐趋普及，曾被作为英国王室壁炉专用煤而备受青睐。晋城盛产无烟煤，这种煤表面如镜，光可鉴人，燃烧时无灰无味，人称“香煤”；因为它燃烧时彻体通红，火焰呈蓝色，状似兰花，所以又叫“兰花炭”。兰花炭较轻，没有沉重感，拿在手里轻轻摩挲也不会把手弄黑，放进炉膛立刻就着，火力特猛。更奇的是，兰花炭燃烧后没有一点渣滓，全是白白的粉末，根本不用铁钎子捅，就全漏到炉坑里了。在全国无烟煤中兰花炭独占鳌头，所以民谚说：“晋城煤好，晋城炭香，‘兰花’的美名天下扬。”

兰花炭

阳泉的煤炭开采历史也较为悠久，早在宋、元时期就有了土法开采的小煤窑，如今是全国重要的无烟煤生产基地之一，

人称“太行明珠”。阳泉煤炭是冶金高炉喷吹、烧结矿石的上好燃料，也是化肥、碳素制品、轻纺工业等的理想原料。民谚说：“有了黑、白、黄，不愁油和粮。”黑，即煤和铁；白，即铝土、石灰；黄，即硫磺等。这些丰富的矿产资源，是当地的经济支柱。阳泉矿务局下属的平定煤矿也有民谚说：“平定县，有大宝，地下煤炭挖不了”“平定家，五色鬼，黑青龙，赤白虎”。五色，指红（铁矿）、黄（硫磺）、蓝（焦炭）、白（坩土）、黑（煤炭）。青龙，指青龙山，出煤；白虎，指白虎山，出铁矿。此外还有“鹊山的煤，石卜嘴的炭，城里的姑娘不用看”等，反映了该地不仅物产富饶，煤炭质量上乘，而且人也漂亮。

大同是山西的第二大城市，人称“塞外煤都”。大同煤田早在 1500 年以前就被开发和利用，明末清初已是煤窑林立。民间早有说法：“大同府，有三宝：黑炭、黄花、白皮袄”“大同煤，阳泉炭，平定砂锅销路宽”。大同矿务局现为我国最大的动力煤生产基地。据科学测算，大同的煤炭储量约占全省的 22%，所采煤炭具有“两高两低”特点：发热量高，挥发份高；硫低，灰分低，被用户誉为“工业细粮”。由于大同既是环渤海经济区的西出口，又是我国中西部地区的交会处，所以具有中西部经济发展战略的“桥头堡”作用。多年来，它的产量、运量均位居全国之首，铁路的调出量占全国的六分之一，出口量占全省的80%。由于煤炭的经济价值高，老百姓说："晋南的三白，比不上雁北的一黑。""三白"指棉花、食盐、面粉，而"一黑"当然指的就是煤炭了。尽管老百姓的话有失偏颇，但还是道出了大同煤炭在全国的地位和作用。

晋山虽自弃，凿石取铜矿

山西铜矿分布相对集中，垣曲一带的中条山区是山西铜矿的主产区。民间常说，中条山是"铁头银腰铜尾巴"。铁头，指侯马市塔尔山的铁矿；银腰，指运城市的盐池；而铜尾巴，指的就是垣曲县的铜矿。据悉，仅垣曲县的铜储量就达270万吨。矿物成分主要是黄铜，还有斑铜、辉铜、孔雀石等，其他如铅、锌、钼、钴、金、银、锰等，都有一定的储量。中条山铜矿有着悠久的采矿和冶铸历史。最早可追溯到青铜时代，其次是春秋、两汉时期，再次是唐宋时期，明清则属最晚的时期了。早在20世纪50年代，垣曲县铜矿遗址就发现了矿洞及冶炼矿石的工作面，洞内出土的采矿工具主要有铁锤、铁钎等，采集有铜矿石、冶炼矿渣等。另在洞内发现有大量木炭，估计当时是用加热法开采矿石的。

中华文明的起源、发展与铜的开采和冶铸密切相关，铜文化是中华文化的一部分。山西是中华民族的发源地之一，中条

山铜文化自然是山西铜文化的起源之一，其悠久的开采与冶铸历史，蕴藏着深厚的历史文化底蕴，值得我们去发掘、发展和传承。

河东盐池涨，五味偏爱咸

盐是山西省的又一宝藏。民谚说："山东食海盐，山西食散盐。"散盐的产地就在运城盐湖，总面积 130 平方公里。据科学勘探，盐湖形成于七千万年以前，盐湖的地表、地下都蕴藏着大量的盐类矿体。唐代柳宗元曾在《晋问》中写道："猗氏之盐，积雪百里，为晋之大宝。""猗氏之盐"就是指运城盐湖

运城盐池

生产的盐。清朝时期，这里的盐曾行销晋、秦、豫、甘等172个州县，成为国家重要的财源。当地传说："中条山上牛家院，离天三尺有黄金""有人识破牛家院，能发九州十八县""打开牛家院，能发九州十八县"。牛家院位于盐池南边的中条山腹地，是古代一条运盐古道。现在，该地仍遗留着两块记述盐运史料的摩崖石刻。可见，盐湖自古就被人们视为"聚宝盆"。如今，盐湖是全国无机盐生产基地之一，它的无水芒硝、硫化碱等产品，都是化工部的优秀产品，占全国总产量的三分之一以上。

现在的河东盐池主打"中国死海"的旅游牌，新开发了黑泥养生、死海漂浮、矿泉水疗等旅游娱乐项目，受到了许多游客的追捧，从而进一步开发了古老盐池的新功能，扩大了运城盐湖在全国的影响。

平陆藏石膏，通明白于瑶

山西的石膏矿储量十分丰富，含矿率平均为80%。灵空山附近有一太岳山主峰，名曰"石膏山"，却与石膏无半点关系，当地流传有"石膏山上无石膏"的说法。俗话说"安邑池盐，平陆石膏"，因此，山西的石膏，主要产于汾河中下游地区，尤以平陆县储量最多。

平陆，位于山西南部的中条山上，素有“平陆不平沟三千”之称，临山靠河，沟多坡多，过去由于交通不便且事故多发，严重制约了当地经济和社会的发展。石膏虽然洁白如玉，当地人也只能“住在金山守死宝，抱着银碗讨饭吃”。后在国家扶贫助困政策的支持下，村村镇镇修公路，交通运输条件得到了较好的改善，使得当地的石膏远销全国各地，带动了当地经济的发展。

该县的石膏总储量在6300万吨以上，产品本体纯白，晶莹如玉，凝固迅速，抗拉力强，名列全国第一，质量最佳，所以有“平陆石膏甲天下”之说，还曾获巴拿马万国博览会金奖，广泛应用于建材、医疗、医药、农业等领域。

当然，在山西除了煤、铁、铜等外，铝土、铁矾土、耐火黏土的储量均位居全国前列，储量丰富，还有丰富的石灰岩等，多为特级、一级品。尽管谣谚中反映的只是山西矿产资源的一鳞半爪，也足以让人为之感叹。

矿产资源相关产业在野蛮生长并赋予山西荣耀的同时，也让山西人付出了巨大的代价，最突出的就是环境的持续恶化。拿有“煤都”之称的大同来说，曾经流传着这样一首打油诗：“来到大同府，每天能吃四两土；上午不够下午补，今天不够明天补。”当地服装行业还盛传“夏天不能卖白衬衣，冬天不能卖白棉衣”的说法；更糟糕的是，宝贵的云冈石窟也受到了牵连：“云冈大佛遮黑纱，城市处处脏乱差。”“天不下雨下煤面儿”的大同，生态环境日益严重恶化。环境保护是城市发展的底线，面对严峻的形势，大同近年来不断调整产业结构，优化能源构成，坚持恢复和发展自然植被和森林，有效地提高了空气质量。如今的大同蓝天如洗，清风拂面，一片“城在绿中，人在园中”的美丽景象。

在以绿色能源、低碳经济为目标的新时代，一个地区的发展应该更多地依靠节能减排和科技创新，从而更多地减少物质损耗。山西作为全国能源重化工基地，充分发挥特有的能源优势，顺应能源革命要求，牢牢抓住“低碳”和“绿色”两个主题，坚持煤炭清洁高效利用，大力发展新能源，以能源结构的优化促进工业的转型升级，努力形成多轮驱动、低碳绿色的综合能源体系，从而吸引更多的外地朋友来到山西，在这片文韵流芳的古老土地上呼吸到更为新鲜的空气。

商贸理财中的民间语言

常家庄园

长久以来，山西人善于经商、长于理财的美名誉满全国。人称“只要有麻雀的地方就有晋商”，特别是明清时期，以“平遥、太谷、祁县”为首的晋商盛极一时，“雄踞中华，饮誉欧亚”，写下了中国经济史上辉煌的一页。当时京城流行的说法是：“京师大贾数晋人。”外省也流行一种说法：“山西老乡能聚财，山西商人行天下。”

晋商的发展，不仅促进了经济的繁荣，而且冲击了传统“学而优则仕”的观念，向权力发起了挑战。当时许多人家热衷于送子弟外出经商，而不是去“读书做官”。民间传谚：“家有万两银，不如钱庄有个人”“当官入了阁，不如票庄当了客（阁：内阁大臣；客：老板、掌柜）”“生子有才可做商，不羡七品空堂皇”“有儿开商店，强如坐知县”。

“南来烟酒糖醋茶，北来牛羊骆驼马，行行离不开山西帮。”如今，晋商的辉煌年代虽已远去，但晋商的痕迹却不会消除。晋商的活动创造了辉煌的商业文化，也带动了一系列的相关文化现象。

晋商南作帝，风云三百年

据史书记载，早在商朝，山西就有了工商馆；春秋时期，山西商人活动就扩大到了长江流域。民间早有俗语：“要想不受穷，走出陕甘宁”“金圪崩草帽头上戴，身挎上包袱走口外”。“走西口”与“闯关东”是山西商人最早起家的两条路，这里有说不完的故事，唱不尽的歌谣，其中也包含了山西数代商人拼搏的辛酸与苦辣。

山西自古物产丰富，商贸繁荣。如侯马市，早在春秋晋国

协同庆

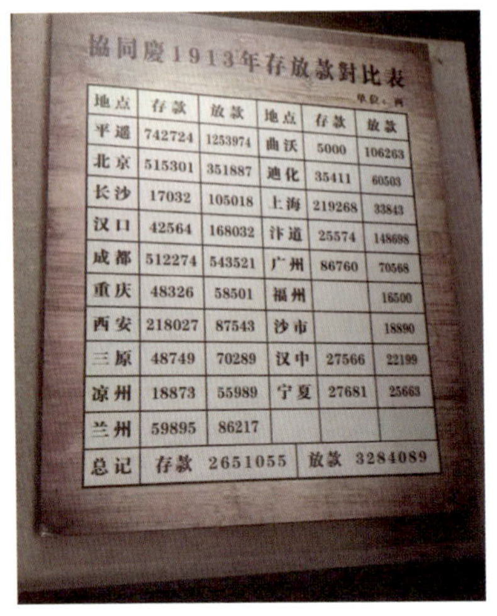
協同慶1913年存放款對比表

——单位：两

地点	存款	放款	地点	存款	放款
平遥	742724	1253974	曲沃	5000	106263
北京	515301	351887	迪化	35411	60503
长沙	17032	105018	上海	219268	33843
汉口	42564	168032	汴道	25574	148698
成都	512274	543521	广州	86760	70568
重庆	48326	58501	福州		16500
西安	218027	87543	沙市		18890
三原	48749	70289	汉中	27566	22199
凉州	18873	55989	宁夏	27681	25663
兰州	59895	86217			
总记	存款 2651055		放款 3284089		

协同庆存放款记录

时就成为诸侯国之间的商贸中心，很早就被人们称为“南来北往商埠地，千车万货旱码头”。与它相邻的曲沃县在明代引种烟叶，到清朝时成为年产千万斤的烟草大县。而平遥建有多处烟坊，是较大的商品集散地，通过这里将烟叶传销到全国各地。民间说：“拉不完的曲沃，填不满的平遥。”据说当时北京鼓楼前有一家晋商开办的“恒泰号”烟店，门前就挂着一个特制的大旱烟袋做标志，白银嘴，黄铜锅，黑烟杆，长达五六尺，至今北京老人常说一句歇后语：“鼓楼前的大烟袋——一窍不通”，就是指此而言。另外，俗话还说：“拉不完的浮山，填不满的东关（临汾城的东关）”“拉不完的府城（安泽县），填不满的曲亭（洪洞县集贸市场）”“驮不完的静乐县，填不满的向阳店（太原市北郊的一个镇）”“拉不完的沁州粮，填不满的鲍店（长子县的一个镇）仓”“买不完的河口（岚县的河口村）油，赶不尽的兴县牛”等。从这些俗话中，可以看出过去山西各地生意兴隆的景象。

明朝末年，太谷农民曹三喜独闯关东，在原热河省的三座塔村落足，逐步发展起了酿酒、杂货、典当等行业，并带动了地方经济的繁荣，其后这个小村子就成了现在的朝阳县，因而当地传言：“先有‘曹家店’，后有朝阳县”“先有‘锦字号’，后有朝阳县”。后来，曹家的生意扩大到沈阳、锦州等地，辐射到大半个中国，甚至远及朝鲜、德国、法国、印度、伦敦等，横跨欧亚两个大陆。清咸丰年间，曹家商号达到640多个，雇员达到3.7万人，资产高达1000余万两白银。如今，人

曹家大院

们游览曹家大院，仍能领略到曹家当年的辉煌与繁荣。

可以说，晋商的发展推动了城市的繁荣。除了上文中提到的“朝阳县”，民间还流传着“先有晋益老，后有西宁城”之说。历史上的“晋益老”作为百年老字号，以山西黄芪为主打产品。青海省省会西宁，在元、明两朝主要为军事重地，清朝开始由于晋商的到来，逐渐繁荣发展起来，成为青藏高原的第一大城市。

渠氏家族是明清以来闻名全国的晋中巨商之一。清同治、光绪年间，祁县渠家的商业字号遍及全国各大城市和水旱码头，所经营的项目有斗、典、布、杂、茶、票号等。其中以“长裕川茶庄”和“三晋源票号”最为著名，人们称赞说：“长裕川声名卓著，三晋源汇通天下。”东家渠源浈，小名旺儿，人称“旺财主”。他在经营上以忠信、稳健著称，几乎没有赔累亏损，是商界公认的高手。民间流传：“旺财主，有眼力，赚钱不钻钱眼子。”

晋商最大的创举是“票号”。他们一改过去“镖师押运金银”的做法，“一纸汇票传千里”，几千两白银立等可取，相当于现在金融卡的功能。平遥的“日升昌”是中国历史上第一家票号，曾在全国 18 个省设立票号分庄 45 家，其资金雄厚，信誉卓著，堪称“中国银行的乡下祖父”，也因此有了“进了平遥城，银子元宝绊倒人”的说法。在它的带动下，山西人群起

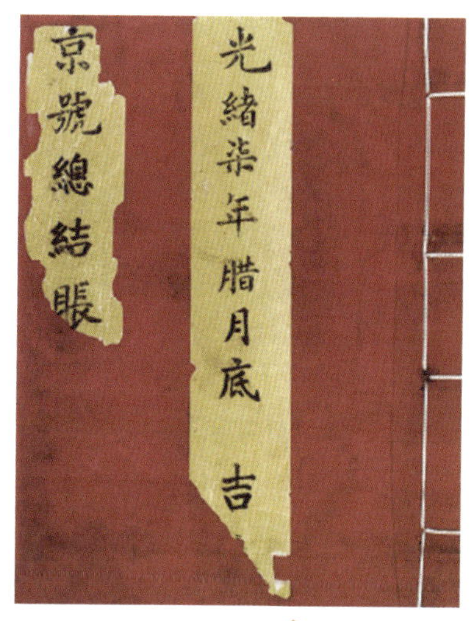

三晋源账本

仿效，形成了“平遥帮、太谷帮、祁县帮”，当时，山西票号在全国85个城镇建有400多个分号，真可谓“执全国金融界之牛耳”。其中祁县的“合盛元”票号还远涉重洋，在日本、朝鲜等地从事国际汇兑业务，开创了我国金融机构向海外设庄的新纪元。民谚说：“本钱大的‘大德通’，‘三晋源’的画儿棚。”“大德通”是祁县大商人乔家的商号，“三晋源”是祁县大商人渠家的商号，而“画儿棚”则说的是伙计长相英俊漂亮。

晋商礼仁浓，信义天下通

晋商在经营方式、经营项目、经营手段等方面，积累了丰富的“生意经”，仅从民间谚语中就可以窥见一斑，而且，每条谚语背后，都连带着一连串的故事，值得后人去品味借鉴。

大多晋商很重视自家的字号，强调“先做名气后赚钱”，

常家庄园楹联

起名时讲究取义典雅、用字吉祥、独具特色、朗朗上口；一旦定名便视若生命，用信誉来全力维护，及至饮誉一方，虽万金不易。《山西通志·民俗篇》记载：“字号至关市商名声，其本身就是招徕广告，山西曾有‘宁肯赔了白银，不能坏了字号名声’的谚语。”“宁叫赔折腰，不让客吃亏”，顾客至上是晋商奉行的准则，也是其能驰名天下、经久不衰的重要原因。所以说，早年在俄国及东欧等地，人们只要见了“大玉川”“长盛川”等字样的包装，无须验货就一抢而空。恰如谚语所说：“十年铺子，人捧字号；百年铺子，字号捧人。”

虽时过境迁，但如今的新晋商仍然把这些传统的经营理念作为自己的座右铭，背得滚瓜烂熟，用得炉火纯青。历史证明，敢于远离家乡、开拓致富的山西商人，并不封闭落后、因循保守。今天的山西人，随着社会的发展和改革开放的进一步深入，继续孜孜不倦地汲取着晋商前辈的精神精华及养料，不断努力，续写着新晋商的传奇，再度繁荣的梦想必定会在不久的将来实现。

饮食习惯中的民间语言

民以食为天。“食”是人类生存的第一需要。“口福”，亦是幸福生活的重要组成部分。中华民族悠悠数千年的历史，形成了自己独特的饮食文化。民谚说：“南人吃米，北人吃面”“秦岭山脉一条线，南吃大米北吃面”。可见，北方人以面食为主，而山西的面食在北方、在全国乃至全世界都享有很高声誉。

山西面食源远流长，久享盛誉。人民作家老舍先生曾经这样称赞山西面食：“驼峰熊掌岂敢夸，拨鱼猫耳实而华。”“拨鱼”又叫“剔尖”，是用铁筷或竹筷拨出的形似银鱼的食品；“猫耳”是用拇指推拈出的一种圆形食品，类似猫的耳朵。老舍先生认为：山西面食既实惠又华美，超过了一切山珍海味。

据《山西市县简志》记载：“1983年日本明星食品株式会社社长八原昌元先生专程来太原参观面点制作技艺，赞美说：‘使我深为感动的是，如此高超的制面技术，能够继承和保留下来，深感世界面食在中国，中国面食在太原。’”

民谚称：“山西面食三百六。”据《晚报文萃》（1992年第5期）报道：一位外宾问“饼王”李连贵：“我听说：世界面食在华夏，华夏面食在山西。不知李先生能否为席上添一两样山西的面点？”李连贵答：“山西面食，古来有一面百样之说，炸、炒、烤、烙，样样绝精。不是我当众夸口，一面百样何止？我甚至可以做出200样、300样。”“世界面食在中国，中国面食在太原”“世界面食在华夏，华夏面食在山西”这两句谚语，尽管说法不同，但意思是一样的，都是盛赞山西面食誉满全球。

长期以来，山西面食结构没有明显的主副食之分，杂粮面食数量多，蔬菜副食品种少。这种饮食特点与山西多旱少雨、气温较低、不适合种植蔬菜有直接关系。常言说：“白菜老土豆，吃到打春后。”除少数几个大路蔬菜品种外，其他菜肴对普通人家来说就是一种奢侈，因此，在日常的食俗中，都是以各类面食为主。同样是面食，在山西各地也是风格迥异。晋南的运城、临汾盆地，在上古时期就是尧舜禹活动的中心地带，由于气候温和、土质肥沃，在农业生产上得天独厚，是小麦、

割莜麦

搓鱼

棉花的天然王国，自古就有“粮棉之乡”的美称，属于典型的汉族农耕文化区域。晋北一带历史上长期是北方少数民族聚居之地，是民族融合的集中地，游牧文化渊源深远。晋中地区作为晋南与晋北的连接地带，具有融合农耕文化和游牧文化的优势。“晋南的馍，晋中的面，雁北的糕吃不厌”，一句俗语，概括了三晋大地三种有代表性的主要食物，也揭示了山西从南到北的饮食文化特点。而这三种代表性的食物，除了作为餐桌上的主食，用来果腹充饥、维持生命以外，还包含了极为丰富的文化内涵，成为地方文化的重要组成部分，构成了独具特色的馍文化、面文化和糕文化。

粗粮细做精，入口心神融

过去，山西除晋南之外，其他地区因受地理、气候所限，均以生产玉米、高粱、莜麦、大豆、小米等粗粮为主，故而当地百姓日常饮食主要以玉米面、高粱面、莜面、豆面、小米等为原料。晋东南地区流传着这样一段话：“金珠子，金珠王，金珠不换沁州黄。”当地的“沁州黄”小米品牌，在全国闻名。俗话说：“玉米面，黄生生；擦圪蚪，硬铮铮，吃到肚里饱腾腾”“擦圪蚪，抿圪蚪，吃上一回不想走”“没好有赖，茭子鱼儿管待”“黄蒸包小豆，越吃越实受”。“擦圪蚪，抿圪蚪”，是用特制的“擦床”做出来的面食；“茭子”指高粱面；“鱼儿”是用手搓出的两头尖的条状面食，也叫“搓鱼儿”；“黄蒸”是用玉米面发酵后做成的食品。这几样都是百姓的家常便饭，过去多用高粱面和玉米面做成。

此外，“和子饭”也是民间普遍流行的一种饭食，即把小米、豆子和杂面面条一起煮熟加调料后食用，有的地方叫作“米旗”“圪糊”“豆旗面”“杂面旗子”等。常言：“米旗加豆，强如吃肉”“吃碗豆旗面，胜似活神

和子饭

仙”“屯留长子县，顿顿吃的三和面”“定国、马家一条垣，杂面旗子不调盐”。晋东南流行的民谣说：“早上吃‘圪垯’（煮熟的玉米面小饼，也叫‘煮圪垯’），晌午吃‘圪啜’（小米粥），晚上喝的‘圪糊’（和子饭），有了亲戚吃‘圪糁’（碎玉米煮成的粥）。”

用糯黍米和糯高粱磨制的面粉做糕，是民间食物的又一特色。民谚道：“粗米黄蒸细米糕”“有钱难买熘油糕”。尤其是雁北人，几乎一日三餐离不开糕。民谣说：“红豆稀粥黍子糕，谷面糊糊山药蛋”“早晨稀饭煮糕，午饭蒸的现糕，晚饭吃的火烤糕”“稀粥莜面软黄糕，荞面圪坨搅拿糕，黍子糕，高粱糕，儿婚女嫁把油糕包”。乡宁县每年农历四月十五还要举行传统

油糕

的“油糕会”。届时，四面八方的油糕摊点都集中在县城的一条大街上，可谓“香飘十里”。民谚说：“不吃炸油糕，不算赶好会。”“糕”与“高”谐音，吃糕的寓意是期盼生活步步高，越过越红火。

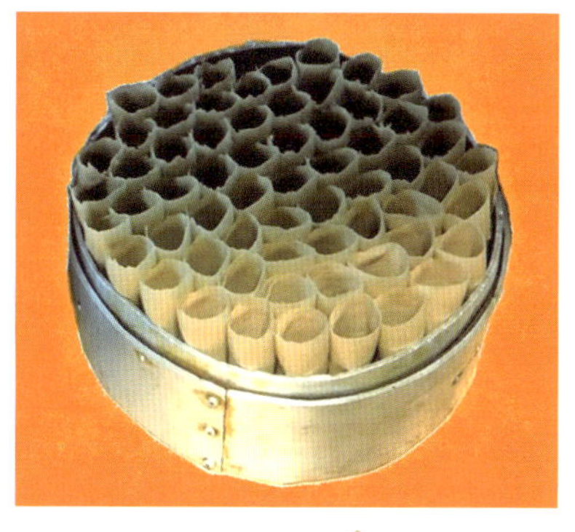

莜面栲栳栳

莜麦是山区（特别是吕梁、忻州、雁北一带）的主要农作物，因其耐寒、耐旱，生长期短，所以种植面积大，质量好。莜面含有较高的蛋白、脂肪和赖氨酸，食后耐饥，民间素有说法：“四十里莜面三十里糕，二十里的荞面饿断腰。”人们把莜面做成状似羊耳朵的“栲栳栳”、猫耳形的“圪搓搓”、包上馅的窝窝头等，润滑爽口，久食不腻，而且隔夜不黏。俗语总结道：“莜面窝窝吃得香，香就香在风味上”“油合辣椒酸菜汤，带荤莜面更吃香”“莜面窝窝台蘑汤，一家喝汤十家香”“莜面圪坨猪尾巴，你看光景沙不沙（圪坨：用手掌推出的卷筒形食品；猪尾巴：长条形的搓鱼儿；沙：好。晋北方言）”。在娄烦和岢岚两县，还流传着这样的民谣：“提起寨沟山，不敢上娄烦；说起吃莜面，还要上娄烦”“九省十三县，爬山到岢岚；不为赚大钱，单为吃莜面”。

钱钱饭

可见，尽管娄烦和岢岚山高路险，但当地的风味食品还是吸引了“九省十三县”的客人前往品尝，虽说有些夸张，但莜面的魅力由此可见一斑。

吕梁地区的临县一带，人们几乎每天都要吃“钱钱饭”。当地说：“早晨钱钱饭，晌午饭钱钱，晚上黑豆捣成扁片片。”“钱钱”就是把黑豆或黄豆放在热水中泡软，然后用锤子一颗一颗砸扁。因为形似微型铜钱，所以叫作“钱钱”。旧时人们把“钱钱”同小米煮在一起熬成稠粥，便是主食了。

细粮精做玉，甘酥色莹雪

在山西人手里，粗粮尚且细做，细粮就更加精做了。运城、临汾位于山西省的南边，地势比较平坦，气候相对温和，

面条荟萃

自古就是产麦大区，素有“山西粮仓”之称，因而百姓的日常食品多以白面为主，擀面条、蒸馒头是家庭主妇的拿手好戏。比如面条，就有“和得硬，揉得圆；擀成纸，切成线；下到锅里莲花转，舀到碗里香气蹿”的民谣。当地有个风俗，新媳妇下厨的第一顿饭，就是通过擀面条来亮手艺。民谚说：“好女儿不怕人瞧，好面条不怕圪搅。”运城古称河东，当地人们把面条做得细长滑溜，柔韧不断，再浇上羊肉臊子，香气诱人，远近闻名，因此当地流传有“吃了河东羊肉面，给个县长也不干”的民谣。

馒头，俗称“馍”，晋南人几乎是每天必食，甚至是三餐必食。老百姓说：“没有馍馍不算饭，没有辣子不算菜”“米汤蒸馍，吃得眼睛挤合（形容胖）”“馍蘸辣子美得太”“光吃辣椒不吃菜，凳子不坐蹲起来”。晋南人爱吃辣椒，是久已闻名的，他们以辣椒代替菜，或者说是把辣椒当菜吃。各家平时就蒸好许多馍馍，急时切成馍片，用盐开水一泡，既快捷又便当，所以当地有句口头禅：“油泼辣子一个菜，开水泡馍来得

花样馒头

快。”到了岁时节令，或遇上红白喜事，巧妇们更是八仙过海，各显神通，将面团捏出花鸟鱼虫，雕出龙凤吉祥，然后作为走亲访友的馈赠礼品。老话儿说“河东人情薄，总是馍换馍”，说的就是这种情形。在晋南真可谓“一样馍百样吃”“一个馍百个名”。实际上这种面塑工艺，蕴含着真挚的感情，展现了劳动者的聪明智慧，反映出人际交往的淳朴风俗。

闻喜花馍

饼子，在山西不仅式样不一，而且做法不同，有烙饼、炒饼、甩饼、火烧、油旋、锅盔等。太原有一条老街“开化寺”，那里有一家饭店的葱花烙饼金黄酥软，层薄如纸，独具特色。老太原人常说：“开化稀饭豆豆菜，葱花烙饼真不赖。”而河津市的油酥饼，每层薄如蝉翼，外酥内绵，饼屑容易散落，所以人们说：“河津的千层饼，吃时两手捧。”在垣曲县有一种厚而圆的大饼，内和油盐，外沾芝麻，内里暄腾腾，外皮焦脆脆，人称“锅盔”。谚语说：“文魁武魁，不如锅盔。”晋东南潞城县早在清朝时，就有姓呼、暴的两位师傅，做出甩饼后卷进腊肉，非常好吃，人们称其为“呼暴饼”。当地传言：“要想真解馋，请吃呼暴饼。”这种甩饼，至今在晋东南盛传不衰，俗传：“潞安府，有三宝：腊肉、凉粉、酥火烧”“长子炒饼沁县糕，长治腊肉酥火烧”“要想真解馋，咱到甩饼摊，饱饱吃一顿，如同小过年”。此外，还有“平遥牛肉太谷的饼”“柳林芝麻饼，香闻太原城”“五里铺的饼子田家会的包，三天不吃想折腰”。

千层饼

在长期的面食制作过

程中，劳动人民积累了丰富的宝贵经验，有些常识性的技巧，还以谚语形式保留了下来。如“冬溜溜，夏稠稠”“冬起糊糊夏起铁”，是说发面、和面时，冬天要稀些，宜软；夏天要稠些，宜硬。“磨快的剪子揉到的面”，是说做面条和馒头，全凭揉面的功夫，要像磨剪子一样有耐心。“蒸馍馍，不用问婆婆，一把手一个”，是指揉馍的技巧熟练后，一只手就能团出一个馍。“断火不蒸馍，蒸馍不断火”，是说馒头上笼以后，要一鼓作气烧旺火，中间不能停火。如今虽然有了机器馍，但人们还是觉得手工馍在口感上更胜一筹。

再如，在北京、天津、上海、西安等大城市的繁华闹市中，也常常能够见到“山西刀削面”的招牌。传统的操作方法是一手托面，一手拿刀，直接削到开水锅里，要诀是：“刀不离面，面不离刀，胳膊挺直手端平，手眼一条线，一棱赶一棱，

刀削面

平刀是扁条，弯刀是三棱。”1949 年以后，为了培养刀削面能手，山西人不仅继承了传统的操作方法，而且多有创新。太原的刀削面能手，揉面有方，刀功独到，30 秒钟即可削出 110 多刀，并且姿势优美，真是“一叶落锅一叶飘，一叶离面又出刀，银鱼落水翻白浪，柳叶乘风下树梢”。外宾在观看完制作过程后，伸出拇指称其为“中国功夫面”。这种飞刀削面既是庙会食品，又是一道观赏的风景，兼技术与艺术性于一体，成为山西面食中特有的风采神韵。

作为山西面食一绝，烧麦在三晋南北都有食用。因其顶口稍上的捏花如梅花形状，烧麦又名“稍梅”，由于方言口音的差异，也叫“烧卖”或“稍麦”。它原是旧时山西有钱人家用作喜庆筵席的点心，制作工艺复杂，关键在于各种作料的配合千变万化，作料早放一刻，晚放一刻，味道都不相同。烧麦最难的是做皮，面案师傅们说：“稍梅好吃面难和，皮薄包馅打花难。”蒸熟的烧麦形似花瓣绽放的雪梅，吃起来皮软精薄，馅鲜味浓。

醋酸挂葫芦，酬酢如甘澍

俗话说：“山西人爱吃醋，家家有个醋葫芦。”山西人善酿醋、爱吃醋，素有“老醯儿”之称。因为古时人们管醋叫醯，

山西老陈醋酿造

把酿醋的人叫“醯人”，把酿醋的醴叫“老醯”。因此，吃醋也不叫吃醋，而叫“吃醯”。由于山西人对酿醋的特殊贡献，再加山西人嗜醋如命，又巧合了“醯”和山西的“西”字同音，所以外省人就称山西人为“山西老醯”了。

“爱吃醋”不仅是山西人的一个特殊标志，也俨然成为当地人的一种历史沿袭和约定俗成的饮食习惯。相传过去山西人参军，腰里都别着一个醋葫芦，有“山西老醯儿爱喝醋，打仗带着醋葫芦，喝粥也要倒点醋，交枪不交醋葫芦”之说，充分表现出山西人对于醋的极度喜爱之情。“醋是随饭吃的药，更是顿顿吃的饭”，只要有瓶醋，无论是怎样的粗茶淡饭，也能吃得有滋有味。

有民谣说得好：“男的不吃醋，感情不丰富；女的不吃醋，家庭不和睦；小孩不吃醋，学习不进步；老人不吃醋，越活越糊涂。山西老乡爱吃醋，吃遍天下无敌手。”山西人爱吃醋是有原因的：首先，从地理上看，山西大部分都是盐碱地，也就是俗话说的“水土硬”，需要用醋来中和一下；再者，山西人爱吃面，配合醋才能更好地促进消化。基于上述原因，山西人也把醋的作用开发得淋漓尽致，单从醋的功能分类就可以看出，如饺子醋、海鲜醋、凉拌醋以及吃面醋等。此外，醋还有抗衰老、降血压、抗菌消炎和促进肠道蠕动等作用，民间有俗语说：“常年吃醋，不去药铺”“家有二两醋，不用请大夫”“便秘用陈醋，胜过药无数”。

“醋出山西不酸”，这句话表达了山西人对醋的一种特殊感情：哪里的醋都不及家乡的好。山西盛产高粱、玉米、豌豆、小米等农作物，为酿造醋准备了丰富的原材料。中国四大名醋之一的山西老陈醋，产于清徐县，享有“天下第一醋”的美名，已有3000多年的历史，以杂粮为原料，醋味绵香醇厚。酿醋行业中还有句话说“能做醋的工人就能做酒，但做酒的不一定能做醋”，充分说明山西老醯制醋技艺的精湛。

“久在山西住，哪能不吃醋。”所谓入乡随俗，在山西常住

的很多外地人，久而久之也养成了爱吃醋的习惯，同时，跟随山西人的足迹，制醋技术和食醋习俗也被带到了全国各地，令古老的陈醋及醋文化不断丰富着人们的物质生活和精神世界。

山西人的饮食风俗，蕴含着丰富浓厚的历史文化，散发着浓郁的黄土高原气息。除了上述介绍外，还存在很多诱人的美食文化，可谓数不胜数。如，“沁州甚最好，干馍圪夹糕”，沁县的干馍，吃起来香脆可口，或夹熟肉，或夹枣糕，令人垂涎欲滴；“麦仓梨儿李庄香，赵家山豆腐好滚汤”，黎城县麦仓村的梨香甜可口，赵家山村的豆腐则是上党区的名吃，“黎城豆腐甲三晋”也指的是赵家山村的豆腐，用来做汤鲜嫩柔韧，用来炒菜久炒不烂，具有强身健体的作用；再有，“天上龙肉，地上驴肉”，长治地区的上党腊驴肉始于唐宋时期，明清时成为宫廷贡品，享誉古今。

如今山西全省人民普遍以白面为主食，老百姓有了新食谱。民谣说：“清早馍馍上午面，晚上来它个大油旋；想吃油糕枣泥馅，要吃饺子捣上蒜。”同时还注重了饮料、水果等副食的增加，所以就有新民谣说：“四盘八碗北方烧，外加几筒健力宝；主食少，副食多，下了桌子吃香蕉。”当然，许多人仍然喜欢吃粗粮，但意义和过去截然不同了。如果说，过去的粗粮细做是为了填饱肚子的话，那么，今天则是为了调剂口味、保持营养均衡。“稀粥烂饭不伤人，吃全杂粮不生病”“五谷杂粮多进口，大夫改行拿锄头”“神丹妙药灵芝草，不如五谷杂粮互补好”。可见，粗粮细做、粗细搭配具有科学道理，顺应社会的进步潮流，发展前景十分可观。

民间语言朗朗上口，从各种角度反映了山西各地丰富的特产资源，地方特产借助民谣俗语得以名扬天下，令人回味无穷，也使得山西美食在民谣俗语中得以彰显。

民居住宅中的民间语言

山西窑洞

人的一生，至少有一半以上的时间是在住宅内度过，因此，民谚说："人要屋住，鸟要窝歇""民以宅为安，家以居为先""安居才能乐业"。这都说明，住宅是人类休养生息的基本条件。有了住宅，人们才会有安全、踏实的感觉，才能谈得上从事其他生产活动。人说"北山西，南皖南"，即山西民居和皖南民居一样出名。那么，山西的民居是个什么状况呢？我们不妨透过民谣俗语来看一看。

断崖滴翠窑，别有洞天地

山西地处黄土高原，多山地丘陵，气候干燥，雨水稀少，广袤的黄土高原以其特有的自然环境，铸就了古老的三晋文明。山西民居是一种有地方特色的建筑群，各种民居形式多样，如瓦房、砖房、平顶房、窑洞等。

自古以来，窑洞就是山西民居的主要类型。"家乡山西一

地坑窑

煤地，黄糕莜面嘴上吃。剪纸布艺做面人，何时住上黄窑洞？”这首民谣充分反映了窑洞在晋民心中的重要地位，它不仅分布广泛，而且形式齐全，是我国主要窑洞分布区之一。窑洞大致可分为三种，一种是“靠崖窑”，依山挖掘而成，全省各地都有。洞内没有梁柱，却十分坚固耐用，使用可长达百年之久。更重要的是，洞内能够保持四季恒温，冬不冷，夏不热，有利于人体健康。此外，暗窑可以储藏东西，菜窑可以储藏瓜果蔬菜，偏窑可以饲养牲畜，等等，其功能远非楼房所能比拟。老百姓说：“宁挖窑洞不建房，不用砖瓦不用梁。”又说：“靠住土崖打窑洞，冬暖夏凉神仙洞。”

另一种是“地坑窑”，也叫“天井窑”“地窨院”，在晋

南的平陆县居多。人们从山坡的平面往下直挖一个方形大坑院，然后凿一条隧道通向地面作为出口，再在坑院墙壁上打成窑洞。正所谓“院落地下藏，平地起炊烟，声由地下来”，从远处看，还以为是个土坑，走近了才知道住着人家，形成了“远看见树不见村，临近闻声不见人”的奇景。因此民谣形容道：“半山腰里有人家，房子修在地底下；车马隆隆屋顶过，鸡犬声声出背洼。”这种居住方式是人类的一大创举，堪称中华一绝。

第三种是独立式窑洞，又称“箍窑”，是一种掩土的拱形房屋，有土墼土坯拱窑洞，也有砖拱石拱窑洞。这种窑洞无须靠山依崖，能自身独立，又不失窑洞的优点，可为单层，也可

吕梁农村新窑

建成楼。若上层也是箍窑，即称“窑上窑”；若上层是木结构房屋，则称“窑上房”。该窑也具有“冬暖夏凉”的特点，修建时需要一定的技术，建成后外观比较好看。民谚说：“宁住南窑，不住东房”“宁卖‘刮金板’（土地），不卖‘暮烟洞’（破窑洞）”。

山西的平原只占总面积的 19.7%，地盘虽小，但人口稠密，这些地区的民居形式主要是土坯平房、砖木结构瓦房、水泥浇铸的楼房等。

雁北地区多见平房，呈前低后高的缓坡顶面，老百姓叫作“一出水”。它的墙体有两种：土打墙或垒土墼。民谚说：“软处好起土，硬处好打墙”“墙耐三底板”。具体操作的要求是：“宽打地脚窄垒墙，填好馅石不倒墙。”有的房顶铺草或木苫，再用泥抹平；有的房顶用拌匀的灰渣和石灰水铺盖，再用棒槌砸实。房顶可以晒粮。

山西晋南、晋东南一带，与西部、北部又有所不同。运城、临汾两个地区，农村传统是一家一院，素有“三家不共一场，两户不住一院”的习俗。大多数人家是居住土木、砖木结构的大屋顶瓦房，旧时多四合院，住房一连三间。俗话说：“河南人爱穿绸，山西人爱盖楼。”当地的乡村很早就流行二层楼，只不过房顶是双出水硬山式，上层低矮，用于储藏粮食物品，下层住人。高楼集中在城市，主要是为了向空间要面积。

过去，七层以下的住宅楼占多数，而且不带电梯，因此高楼并不见得比土窑和房子好。人们在无奈之下，相比较而言，认为三层、四层算最好，有“金三楼，银四楼”之说，“顶天立地”是最差的。不过，随着社会的进步，七层以上高楼的开发，都相应地增设了电梯通道，人们对楼房的看法又有改变。现在，人们也认识到土地的珍贵，城市的高层楼、农村的低层楼也日渐增多。新民谣说：“如今生活真富裕，农家住上小洋楼；宽敞明亮又舒服，赛过北京的大干部。”

民居遗旧踪，山川思故土

从民居可以看出一个地方的历史发展、经济状况、文化内涵，以及人们的生活水平、思想观念和风俗习惯。

关于住宅的选向，一般认为“向阳门第春常在”，住房要“背阴向阳”。谚语说“坐北向阳，冬暖夏凉”“有钱盖北房，冬暖夏天凉”“有钱要起朝南屋，子子孙孙多有福”。反之，东房和西房夏天受晒时间长——热，南房冬天迎着西北风——冷，因此，民谚说：“有钱不盖东南房（有钱不买东西厢），冬不暖来夏不凉。”这就叫顺应自然，因地制宜。

关于住宅的形状，民间讲究地基要“南北长，东西短”，院子呈方形；地势则要“前低后高”。比如祁县渠家大院的五

丁村民居

柳氏民居

进院子，就是渐渐增高，象征着步步高升。俗语说“当院竖着长，必富少年郎”“由低到高，代出英豪；由窄到宽，富贵如山”。其中体现了建筑美学，因为“方正”给人的感觉总是稳固坚实，包容无限；同时也符合自然原理，顺应了风向和水的流势。

土炕是过去农户家中的必要设施之一。炕与灶台相通，冬天做饭的同时，就连带把炕也烧热了，一举两得。俗话说：“家暖一条炕。”有了暖炕，也就有了家的温馨。特别是一些患风湿的病人或体弱的老人，尤喜暖炕。民谚中还反映了修建炕灶时砌砖的形式，比如说：“七行锅台八行炕，九层火火十层炕，

炕与灶台相通

十八层砖上安窗桄。”

门为家防之用，象征着一个家庭的脸面。因此，修建院门是“立门户”的大事，在民居中甚为重要。民谚说：“千斤门道四两屋”“要知家境看门楼”。过去我们从门楼的砖雕匾额上，就能看出主家的志趣爱好。另外，院门不能直对巷口，俗有“大道（刀）冲怀当凶（胸）死”的说法。院门和宅门也不能正对，比如祁县渠家大院五进院的院门就不是直直相对，而是互相错开，因为传说“门对门，口对口，财源往出走”，还说“口对口，财外流”“门门打照，财福外跑”，实际是怕家中隐私一览无余，招来祸患。因此，家家门口都修个照壁，产生“进门三弯，不看自安”的效果。

时代的发展日新月异，人们更追求住房品位的提高。传统的谚语“室雅何须大，花香不在多”，已被越来越多的人接受和领悟；居室是否高雅，成为新的评价标准。所以就有“小康不小康，重点看两房（厨房和卫生间）”的说法。以往人们在家居中重视的是客厅和卧室，现在则把重点放在厨房和卫生间，追求更加全面的、科学的、文明的生活方式。同时，许多人都意识到，“安乐窝”里不仅要有物质文明，更要有精神文明，书房也就成了必不可少的一部分。“亮不亮，看书房”，就是日下时髦的流行语。

戏曲艺术中的民间语言

山西是中国戏剧发祥地之一，素有“中国戏曲的摇篮”“民歌民舞的海洋”之美誉。全省共有54种地方戏曲，戏曲文物占到全国的80%。据不完全统计，省内保存的古戏台就有2886座，遍布山西各地。元代是中国戏曲大发展的时期，其中山西省最古老的元代戏台就有6座；当时的晋南地区，几乎村村有庙，有庙就有戏台。

华音五角台，梨园晋风盛

早在汉朝，民间就流行乐舞杂技。北宋时期，晋城孔三传首创了“诸宫调”，并在汴梁献艺。元曲四大家“关、马、郑、白”，除马致远是北京人外，关汉卿、郑光祖和白朴均是山西籍。“梨园领袖”关汉卿是运城解州籍，被西方誉为“东方莎士比亚”，至今存有杂剧60多种；郑光祖是临汾籍，至今存有18种杂剧和若干散曲；白朴是河曲籍，至今存有16种杂剧和《天籁集》等词曲。河曲古称奥州，当地俗传：“奥州出大家，小名叫白朴。”直到现在，山西的“道情”唱腔仍是曲牌体，伴奏乐具有“唱时不伴奏，尾声托音走”的特点。此外，“耍孩儿”“铙鼓杂戏”等许多唱腔，仍保留着元代的曲名和乐句结构的特征，也正因为如此，山西民间关于戏曲艺术的民谣、俗语十分丰富，耐人寻味。

山西洪洞县广胜寺镇
明应王殿戏曲壁画

戏曲同人生、社会、历史紧密相连。它寓大于小，寓教于乐，抨击邪恶，弘扬正义，能够沟通感情，净化灵魂，陶冶情操，引起共鸣。对于戏曲的功能和作用，民谣形象地说：“四四方方一座城，骑马坐轿走代行”“轿是两杆旗，马是一根鞭，登山过桌椅，行船划桨板”“三五个千军万马，一席地走遍天下；方寸地万里山河，顷刻间千秋功业”“台上一声笑，座中万人欢；台上一声哭，座中万人咽；台上一声啼，台下泪千滴”“唱戏劝世”“台上表演千古事，台下常有剧中人”等。

晋剧

北路梆子

山西戏曲最早是从晋南的蒲州梆子发展起来的。民谚说“路过蒲州莫高声”，蒲州指今永济市。因为蒲州是蒲州梆子的发源地，而蒲州梆子又是中路梆子、北路梆子的母体，所以，外地的戏班到了蒲州，都不敢“班门弄斧”。山西的剧种，主要有四大梆子：中路梆子（也叫晋剧或山西梆子）、北路梆子、蒲州梆子、上党梆子，此外还有上党落子、晋南眉户、碗碗腔、罗罗腔、线腔等，多达53类，占到全国剧种总数的六分之一。蒲剧同时又分为南路和西路两种，各具特色，民谚称“南路文雅，西路火爆”。从民谣、俗语中，我们可以看出山西戏曲的发展踪迹。

新绛县城隍庙乐楼

生旦净末丑，德艺秀双馨

“祁太的镏子，蒲州的戏子。”祁，指祁县；太，指太谷；镏子，指代票号、钱庄。这句谚语的意思是，过去晋中的富商大贾多，蒲州艺人的名气大。据史书记载，有些商贾还把持着专门的戏班子，多由蒲州艺人组成。清光绪年间，上三班好戏为：太谷的坤梨园、锦梨园和祁县的荣升班。特别是在艺人“三盏灯”带领下的坤梨园，被冠以“字号班”的美称。谚云：“三盏灯，进了城；买卖人，冒了魂”“三盏灯进了村，长工放羊的歇了工；前晌看了七星庙，后晌再看凳王宫”。由于艺人表演精湛，给观众留下了极为深刻的印象，至今晋中仍有“四喜班，是好戏，秃红、吐丑、盖陕西”“人参娃娃大嘴丑，后边跟的一杆旗”的民谚在流传。

人们喜爱某个戏种，总是同他所喜爱的某些著名演员分不开。在民间流行的大量谣谚中，深切地表达了观众对一些名角的喜爱之情。比如，清末民初的名角郧三吉艺名为“白菜心”，祁彦子人称“彦子红”，每逢演出必定座无虚席，满堂喝彩，民间盛传：“看了白菜心的《忠孝宴》，想得三天不吃饭”“彦子红，就是红，《鞭打芦花》再不能，《会孟津》唱得出了名”“彦子红《杀院》，侯俊山的小旦，看上一遍，死而无怨”。早期山

上党梆子

西梆子著名演员侯俊山，13 岁成名，所以艺名为“十三旦”。清同治年间，他随戏班到北京、上海等地演出，技艺高超，备受推崇。俗话说：“状元三年一个，十三旦盖世无双。”

王存才，蒲剧早期著名演员，以跷功著称。他在《挂画》中饰含嫣，双脚踩跷，技艺不凡，令人叫绝。京剧大师周信芳曾说：“看过王存才老先生演出的《挂画》，艺术造诣很深，跷工功底为我平生所未见过。”当年，朱德委员长在太原长风剧场观看王存才的《挂画》时也曾赞不绝口。俗语说得好：“宁看存才《挂画》，不坐民国天下”“宁误收秋打夏，不误存才《挂画》”。

阎逢春是蒲剧须生泰斗，他生前演出剧目200多个，练成了帽翅功、髯口功、鞭子功、靴子功、梢子功等绝技，蜚声全国剧坛。就连京剧大师盖叫天也说：“阎逢春真是个难得的演员！他功底厚，演技高，所演《徐策跑城》妙不可言。其表演水平不在周老（指京剧大师周信芳）之下。”民间传言：“神不过阎逢春的吹胡子瞪眼，奇不过阎逢春的耍帽翅变脸。”

王秀兰，蒲剧著名旦角演员。她在《燕燕》《杀狗劝妻》中饰演的角色贴近生活，活灵活现，技艺达到了炉火纯青的境界。民谚说：“宁不吃肉喝酒，不能误了王秀兰的《杀狗》”“看了王秀兰的《燕燕》，哪怕走得掉到钻眼（钻眼：晋南方言，比喻小坑）”。1959年，她主演的《窦娥冤》被拍成彩色戏曲影片。

蒲剧

与专业剧团的大戏相对而言，山西省还有许多小剧种，如秧歌、道情、二人台、花戏、木偶戏等。戏曲的繁荣，有力地推动了民间文娱活动，各地的社火、游艺五彩缤纷，数不胜数。近年来，山西省又涌现出一大批中青年演员：任跟心、郭泽民、武俊英、田桂兰、景雪变、谢涛、段秀丽等。他们在继承和发扬传统艺术的同时，勇于改革创新，把山西的戏曲艺术推向了一个崭新的阶段，同时带动了群众文化活动的蓬勃发展。他们不仅在全国屡屡获奖，而且走出国门，在许多国家和地区展示风采，极大地提高了山西戏曲艺术在海内外的知名度。相信民间会有更多更好的戏曲谣谚涌现，等待我们继续收集整理。

交通运输中的民间语言

独轮车

常言"衣食住行"，交通旅行是人们日常生活的重要内容，既是求生的必需措施，也是增长见识、锻炼才干的重要途径。古人早就认为："不当家不知柴米贵，不出门不知远行难""一生不出门，毕竟是小人"。人若一辈子老待在一个地方，难免孤陋寡闻，见识浅薄。尤其是在穷困的时候，如果能换一个地方，兴许能多一条生路，多一分转机，所谓"人挪活，树挪死""人离原地活，树离原地死"。谚语还说："人不出门身不贵""出门人儿自识逆""不是肥土不栽秧，不是把式不出乡""井淘三遍吃好水，人走三省见识高"。走的地方越多越远，越能锻炼自己的适应能力和应变能力。民谚提倡："要吃好的趁咬动，要看好的趁走动""休恋故乡春色好，受恩深处即为家"。对于有志气的人来说，"好男儿，道路广""门前两条辙，何处去不得？"特别是年轻力壮时，更要勇于走出家门闯世界，因为"老不离家是贵人，少不离家是废人"。只有在少年时"离家"有所作为，才能为年老体衰时“不离家”打好基础。

旅行同道路密不可分。鲁迅先生有句名言:“其实地上本没有路，走的人多了，也便成了路。”那么，山西最早的道路是怎么形成的呢?

早在旧石器时代，山西这块土地上就有了先民的足迹，形成了最原始的自然道路。随着以物易物交换活动的出现，部落之间拓宽了人马大道，开始了自觉修路的新阶段。《史记·五帝本纪》记载的黄帝“披山通道”，即修筑道路。尧舜时期，晋南便有了“舟楫之利，以济不通……服牛乘马，引重致远，以利天下”(《易经·系辞》)，形成了以晋南为中心通向四域的道路。直至春秋战国时期，晋国的水陆交通已得到前所未有的开发，驿传制度开始创立。秦汉时期，以亭、邮、驿传组织构成的通信交通网络渐趋完备，之后不断发展、振兴。到了清代，山西驿站增至118个，位居全国第五。全省各县每隔五里设一亭站，十里设一铺店，专门传递信息，供行人歇息。俗话形容“五里一亭，十里一铺”，可谓四通八达，相当便捷。以上便是山西古代交通的大致轮廓。

崎岖山行路，狭径难为趋

由于山西的地理特殊，山多沟深，封锁闭塞，受近代工业

革命的影响较晚，所以，近代公路修筑较晚。特别是在偏僻的山乡，净是“羊肠小道，七绕八绕”。俗话说：“看山不远走着远”“望山跑死马”“上山气喘，下坡腿软”“宁走十里川，不走一里山”。即使在平川，村里的路也相当狭窄：“马路像猪肠，街道似羊肠，人行道是雀儿肠，行人挤到路中央。”乡镇级的简易公路稍宽点，但基本是土路，民谣形容：“晴天‘扬灰路’，雨天‘水泥路’；扬灰扬到‘金沙滩’，‘水泥路’通到‘南泥湾’。”以前交通不便，乡下人进一趟城很不容易，所谓“路儿难走地不平，一不小心掉泥坑；平时难得进回城，来回得误半天工”。

路和车有着密切联系。常言“车到无恶路”，车能开到的地方，路况相对来说不会太险恶。过去由于山西的路况不好，也限制了车辆的发展。旧时的交通工具主要是马车、牛车或驴车。民谣道：“山圪梁梁上来，山圪梁梁下，一辈子也没啦坐过好车马。”晋中一带习惯把牲畜套在前面，由人驾辕赶车，叫作“拉拉车”。俗话说：“人拉车，驴在外，晋中一大怪。”因而，民间关于赶车的谚语比较多：“车夫的心，重半斤”，是说坐车人的性命全在他手中，车夫责任重大，特别操心；“车夫的眼，丈二远”“赶车的要有百步眼”，是说赶车时必须及早看清远方的路况；“赶车三只眼，出门四不赶（酒后、牲畜没喂好、车有毛病、天气不好，均不出车）”。这些道理，至今看

马车

来仍不过时，值得借鉴。民国时有了自行车，人们稀罕地称作“洋马”，民谣说：“这个洋马就是好，不吃草，不吃料；又不巴（拉屎），又不尿，骑上好似驾云飘。”那个时候，乘坐豪华车对于普通人来说是一种不敢想的奢望。

交通的便捷与否，直接影响着一个地方的经济发展的好坏。比如，过去临县的招贤镇，虽然盛产瓷、铁，但由于担运费力，所以售后本利相等，人们说：“招贤货，担出招贤挣折过。”改革开放以来，许多地方积极招商引资，往往因为交通问题而搁浅，影响了出口贸易。民谣说：“鼻子高，眼睛蓝，外商怕进娘子关；山大沟深困难大，担心赔钱不划算。”

在长期的行旅过程中，山西人形成了很多讲究，有些至今

侯马老汽车站

仍有意义。

其一，“穷家富路”，即人们出行前一般竭尽所有，以满足路上花费。为防止钱财丢失，人们用布袋包裹钱财，缠绕在腰间系好，因此路费被借代为“盘缠”。此外，出门一趟，少则数月，多则几年，多带衣物是必需，还要带上铺盖等。

其二，山西人出远门多选择上午或凌晨出发，临行前全家人一起吃顿饯行饭，并讲究“出门饺子回家面”。出行者要吃饺子或荷包蛋、饼子等食品，一则这些食物耐饥，另外希望远行者平安、完整归来。出行者要向父母兄长施跪拜礼，毕竟过去出门艰难风险多。出门人多带雨具、灯具、水具和食物。出远门到异地者，常携带一包家乡的泥土，既可以防止水土不服，又可以时常挂念家乡。有道是：“不贪他乡万两金，只念故乡一抔土。”途中问路先要施礼并加称谓，最忌讳骑在马上问路。

其三，出门人回家前要预先告知归期，让家人有思想准备。远行者则日夜兼程按期而回，没有特殊情况一般不逾期，以免家人担忧。外出谋生者，无论贫富，归来都要给一家老小送件礼物，以表心意。亲朋好友、乡亲邻居对于久别归来者，多要登门探望，以表挂念之情。

车轮无停日，水陆往来频

20 世纪 80 年代以来，山西的交通建设进入了全面发展的新阶段。省内先后建成了太旧（太原—旧关）、原太（原平—太原）、太原东山过境高速公路和武宿等大型立交桥，还完成了太原至忻州、祁县、离石、长治、晋城、运城等地的十几条公路的扩建改造工程。公路运输已经成为山西交通运输的第一主力军。最令人瞩目的是太原至旧关的高速公路，这是山西第一条全封闭、全立交的高速公路，1996 年建成通车，全长 144 公里，工程质量创全国一流。人们形容这条绿色通道是：“百花争春，绿荫护夏，红叶迎秋，松柏伴冬。”老百姓感叹地说：“山西焦炭，利税一半；不修太旧，在家烧饭。山西杂粮，富有营养；不修太旧，白占粮仓。山西汾酒，全国居首；不修太

雁门通天

旧，有腿难走。山西陈醋，酸香适度；不修太旧，没人光顾。山西拉面，又长又颤；不修太旧，一扯就断。”“太旧一通，瞭见北京；太旧一开，票票进来。”太旧公路成了山西东出太行的黄金通道，它沟通了山里山外的世界，为山西人民脱贫致富注入了巨大的造血功能，使老百姓切切实实地认识到：“路不通，财不生”“要想富，先修路”“一路通，百业兴”“修通一条路，带动千家富”“大路大富，小路小富，无路不富，高速公路快富”。

除了干线公路之外，县乡公路的修建发展也突飞猛进。“修路就是生产力”成了全省人民的共识。1992年以来，从城市到乡村，从平川到山区，到处都掀起了义务修路的热潮。民谣说：“靠神靠鬼靠不成，有胆有识是英雄；咬紧牙关修大路，山穷水穷志不穷。”人们修新路，扩老路，不断提高公路等级标准。至2019年，全省公路通车近14.4万公里，其中高速公路5711公里。可以自豪地说，现在山西是“乡乡通公路，镇镇通油路，村村通了机动车”。与此相应，新的民谣、谚语也层出不穷，如“过去是：有钱不到山西住，有车不走山西路。如今是：路顺车顺民心顺，路通气通万事通。”路通了，车也就多了。人们高兴地说：“柏油马路一抹平，大街小巷安路灯；进城办事真方便，班车路过咱家门。”公交车多了，私人买车的也多了。民谣说：“千元买个山地车，上了万元骑摩托，十万元买辆大卡车，发了大财再琢磨。”司机们开着好车，奔驰在平坦宽阔的公路上，别有一番心境，真正是“乡村路平，高速路快，一踩油门八十迈！”

除了公路之外，山西还有10多条铁路干线，13条支线，410多条专用线，218个火车站，铁路营业总里程达2780多公里，相当于1949年的5倍。每百平方公里铁路网密度上升到1.6公里，高于全国0.57公里的平均水平。全省90个县（市、区）都通了火车，占全省总数的四分之三。仅永济市一个地方就有7个火车站，所谓“一条铁路七个站，八条公路贯全

县”。2012年12月，伴随着世界上运营里程最长的京广高速铁路线全线贯通，时速300公里的高速动车组列车首次进入石太高铁，山西从此迈入“高铁”发展的新时代。2019年，山西大同至河北张家口、忻州西至西安北和北京西的直达高铁建成通车。凡是乘坐过高铁的旅客，无不交口称赞。铁路沿线的人们，对“火车一响，黄金万两；火车一开，吃穿都来”的说法，尤其感受深刻。

山西的民用航空事业以太原为基地，建起8个机场，开通了连结全国各主要大城市和沿海边贸城市的160多条航线网络，旅客吞吐量达1400万人次。民谣说：“票子多了心开阔，日子好了活法多；农闲登上‘海、陆、空’，看看祖国好山河。”邮电、通信也同时得到了长足发展，全省共有邮电局（所）1740多处，代办所480多处，比1949年增长了2.9倍；邮路延长到19.78万公里，比1949年增长了3.3倍；1500多个乡镇实现了电话自动化，其中可直拨国际电话的乡镇达93.6%，真正是“一部电话，四通八达”。移动通信更是从无到有，飞速发展，县县通5G，客户超百万，手机几乎是人手一部。正如一句流行语所说：“一机在手，天下我有。”民谣又说：“一机在手天下走，吃喝住行不用愁。享受科技新生活，有滋有味乐悠悠。”

综上所述，山西自“八五”时期以来，公路、铁路、航空、电信等“四大通道”都取得了辉煌的成就，“大”字形高等级公路主骨架已经建成，“三纵八横”“四辐射”“两循环”的公路网正在形成。如果说过去出省难，像民谣所说：“走云南，下四川，步行得走少半年；去兰州，上固原，快走也得三十天。”如今却是：“一个喷嚏到阳泉，半根纸烟到太原，打个盹就到北京站，邀请京城人来山西转一转”“太旧路，通到天，飞机场就在大路边；刚才还在加拿大，一个电话到跟前”。只有在今天，所谓“天下人行天下路”“人是地行仙，半日不见走一千”才真正得以实现。山西人正在走出国门，走向世界！

物质承载下的传说故事

“民间传说是人民创作的与一定的历史人物、历史事件和地方古迹、自然风物、社会习俗有关的故事。”在过去男耕女织的农业时代，民间传说故事主要通过民众以口头方式讲述、流传、保存下来，“口传心授”是其根本特征，在生产生活之中不自觉地进行着“活态传承”，表达着人民大众淳朴的情感。

山西是华夏文明的发祥地之一，地上文物冠冕中华，是一座民间文化艺术的博物馆。在这块历史悠久、物产丰富的土地上，山西人民创造了光辉灿烂的传统文化，蕴藏着丰厚的民间文学宝藏，上自远古，下至当今，可谓无所不包，无所不讲，相沿流传。散布于山山水水的神话、传说、故事，就像一颗颗璀璨的明珠，熠熠闪光，难以计数。这些传说故事将山西历史文学化，山西文学历史化，为历史提供了可能的佐证，让历史变得形象生动、丰满完整；优秀的传说在历史长河的淘汰中得以传承保留，并不断产生新的传说，最终建立起更为可靠丰厚、独特新颖的晋文化知识体系。

在特定区域和民族范围内，山西民众共享的知识和记忆，与地方性的民俗、文化、思维方式等联系在一起，传承并延续着这片土地上所有的历史记忆、集体信仰和精神血脉，滋养着三晋大地儿女的道德品质、伦理观念和群体气质。

补天保宁康，娲皇尊始祖

女娲被称为“中华之母”，是大地万物的缔造者，是人类的创造者。黄土高原山西境内，有许多关于女娲的传说、遗址和纪念地，据专家统计大约有38处，大都集中在山西中南部和太行山一线。

太行山古时被称为“女娲山”“皇母山”，留下了为数众多的“炼石补天”遗迹。位于晋城市城东15多千米水东村东南的浮山，有“娲皇窟”，又名“补天窟”。清雍正年间《泽州府志·山川》记载：“县东南三十五里，插入天汉，高若云浮，形

浮山娲皇宫

家谓为天马。上有伏羲庙，北谷娲皇窟，中虚如囊，相传炼石补天处。”“娲皇窟”为天然形成的石崖山洞，坐落在浮山山腰间一块簸箕状平地上，山崖上刻有“女娲氏炼石处”六个大字，左边山崖刻有“层峦耸翠”四字，系出自明代嘉靖年间文人手笔。洞内供奉女娲及侍女像，相传为女娲炼石补天时的栖息之地。

相传长治天台山亦是女娲补天处。天台山的山峰酷似馒头，巍然壮观。当地相传此地为女娲炼石补天时，将鞋内积土磕在此处而成，俗名“无影堆”。后人为纪念女娲，便在此地设坛祭祀。“日出入胥无影”是天台山的一大奇景。每年夏至

侯村女娲陵雕像

这一天，不管是旭日东升的早晨，还是烈日炎炎的中午，或是夕阳西照的傍晚，山上任何一个地方都没有阴影，令人称奇。

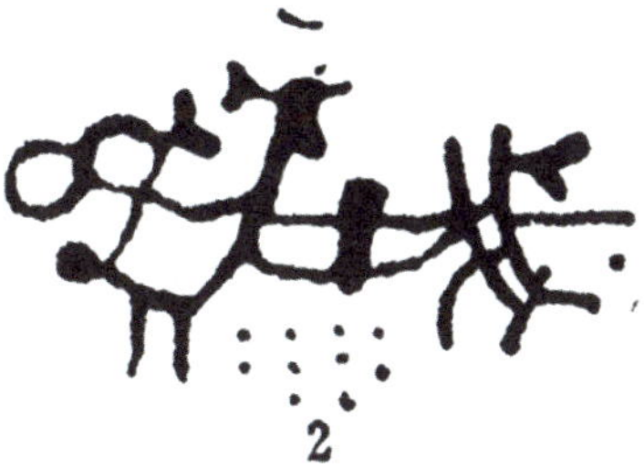

吉县柿子滩岩刻摹本

山西洪洞县赵城镇侯村有一座“娲皇陵”。据说，该村自商、周时期就已经形成。因为这里是诸侯所封之地，故得名为“侯村”，算来至少已有3000多年的历史。每年春天清明节后三月初十的“女娲诞辰”，村庄附近都要举行隆重的祭祀活动，庙会要持续7天之久。举行祭祀典礼时，要“清水洒街，黄土垫道”，朝廷、官府都要遣官致祭；民间也要进行盛大的物资交流、商贾买卖活动，并要请来戏班，连唱7天7夜的大戏，表演威风锣鼓、舞狮子等，隆重地为这位中华民族的伟大母亲庆贺诞辰。

山西吉县县境内，人类活动的遗迹最早可以追溯到旧石器时代，其柿子滩岩画中的女娲形象，与当地女娲、伏羲的传说故事相互照应。传说主要分为两种类型：兄妹婚传说与女娲造人传说。“兄妹婚传说”一说为“隔山穿针成婚”，另一说为“滚磨成婚”；“女娲造人传说”比较流行的说法是女娲和土成泥，照自己的样子捏成人形。民间与这两类传说相关的习俗

也有很多，如“吃枣堆”“正月二十三放夜火”等。至今，这一带仍流传有“吉县女子乡宁汉”“县里女子州里汉”的民谚，都是男女婚姻之礼的相关历史保留。这些传说故事和习俗，作为现在与远古的纽带，包含了丰富多彩的文化内涵和历史折射。此外，吉县还有“人根之祖，出于吉州”的人祖山，山上有“娲皇遗骨”的考古依据，还有伏羲皇帝正庙，庙中不仅有伏羲殿、娲皇宫，山壁上还有相关的“滚磨沟”“穿针梁”“合烟崖”等摩崖石刻。人祖山庙会主要就是祭祀女娲、伏羲，祭祖时村民会唱祭祖歌谣：“抬爷爷，上风山，人祖庙上祭祖先。沟岔岔，抬爷爷，爷爷是个金娃娃”；分食供品时会唱：“大大大丰收，人祖爷爷多保佑。吭吭气吭吭，米面黄黄真好吃。”同时伴随祭祖鼓乐的表演，以表达对祖先的崇敬。

人祖山人祖庙

此外，寿阳县现存有一“落磨寺村”，传说村名是由女娲和伏羲“隔山滚磨”“合磨成婚”的民间故事而来。古人说得好：“东浮山来西浮山，兄妹各执磨半盘；磨儿相遇落磨寺，珠联璧合续人烟。”

“女娲神话传说”所包含的“炼石补天”“积灰止水”“制作笙簧”“创始婚姻”等一系列内容，是反映女娲在远古时期极端困难的条件下，为保护人类儿女的生命安全，在土木建筑、水利防洪等科技和婚姻、礼仪制度等领域，形成的一系列科学、文明的伟大发明创造。这些发明创造充分体现出这位始祖母仁爱慈悲、深厚博大、无私无畏的伟大爱心，不仅显示出她是人类东方文明事业的伟大创始者和缔造者，还反映出当时人类对自身起源和自然现象的天真认识。人类在原始蛮荒的婴儿阶段，由于对洪水等自然灾害的掌控不足，产生了天塌窟窿的奇妙解释，更结合现实想象出“女娲”这样的神话人物来拯救大家。这些思想在民间语言中也有所体现，如歇后语“跟女娲唱对手戏——异想天开”“女娲炼石补穹苍——拨开烟雾”“女娲捏土造人——功德无量”等。“女娲补天”与《圣经》中“诺亚方舟”为同时期的故事，然而《圣经》中所反映出的是人们在面对自然灾害时纷纷逃离的态度，我们的始祖“女娲”所表现出来的则是一种面对艰难困苦永不退缩、迎难而上、积极进取的精神。

山西与女娲传说故事有关的地方还有很多，例如女娲“杀黑龙以济冀州”截断洪水，据《尚书·禹贡》记载，当时冀州之域即在山西，而女娲“抟土造人”的圣地就发生在万荣县汾

阴雎。历史上，统治中国的并非一族一姓，而尊女娲为始祖母没有变，民间每年三月初十前后的庙会也从来没有间断。山西众多关于女娲的神话传说、遗址和纪念地，正是各地人们对先祖怀念和敬仰之情的表达，也指证着该地区乃是女娲活动的核心地带，具有深厚的历史文化底蕴。

一梦四千年，蚩尤血若河

蚩尤，上古时代九黎族部落酋长，主要活动区域集中在山西运城一带，是中国神话中的武神。蚩尤是中国古代历史上与黄帝同时代的伟大领袖人物，对中国历史的发展产生过重大的影响。

据《山西通志》和《安邑县志》载：蚩尤是安邑“蚩尤村”人。蚩尤村位于安邑盐池边，距虞阪不远，所以南宋罗密所著的《路史·蚩尤传》又称其为“阪泉氏”。有关“黄帝战蚩尤”的故事在全国范围内流传，几乎妇孺皆知。为了争夺河东盐池资源，黄帝与蚩尤进行了多次战争。最终蚩尤战败，血水化为现在的运城盐池水，故而当地人俗称盐池为“蚩尤血”。《孔子三朝记》载：“黄帝杀蚩尤于中冀，蚩尤肢体身首异处，蚩尤血入池化为卤水，则解之盐池也。因其尸解，故名为解。”因为蚩尤在此被肢解丧命，为了纪念他，人们将这个地方命名为

蚩尤村

“解（xiè）州”，因方言故也读“解（hài）州”，运城盐池也被称为“解（xiè）池”或“解（hài）池”。黄帝与蚩尤的战争虽然残酷，但实质上促进了不同部族间的融合，加强了不同文化间的交流。

安邑流传这样一首民谣：“伏虎盐形古，野狐泉水清。云屯关帝庙，雾锁蚩尤城。”这既是对当地盐池周边环境和制盐工艺的相关反映，也牵出另一个传说故事“关公战蚩尤”，据考来源于宋人旧编、元人刊印的话本《大宋宣和遗事》。传说蚩尤战死后，心中不服，魂魄飘荡在人间，时常危害盐池，骚扰百姓，于是人们便请来代表忠义勇武的关羽神位来同蚩尤大

战，故事自然以关羽取得胜利为结局。该传说故事反映的是盐池地域神间的争夺，无论是其产生还是流传都深受社会观念的影响：两晋之前蚩尤还被尊称为“战神”，甚至还有庙宇供奉祭祀，后来随着封建制度和孔礼思想的发展，胜者为王，败者寇，蚩尤因敢于挑战帝王象征的黄帝，逐渐从人们仰慕的英雄变成了凶神恶煞的叛逆者形象。

为了纪念关公除蚩尤，每年农历四月初八，盐池周围的村庄都会敲锣打鼓祭拜关羽，附近村民都会在门口插上皂角叶，此风俗一直延续到今天。自明清以来关帝庙遍于全国各地，而唯独蚩尤村不建关帝庙、不拜关帝爷，当地民间还流传着“生当作人杰，死亦为蚩孙”“家有蚩尤神，户存十斗金”的谣谚。作为蚩尤的后代，他们用自己的行为表达了一种独特的情感，并将这份特殊的社会历史记忆一代一代传承下去。不管历史怎样描述与评价蚩尤，蚩尤村世代为蚩尤举行拜祭仪式，直到20世纪60年代，逢蚩尤生辰、功德与忌日，蚩尤村都会举行隆重祭典。蚩尤村原来还建有蚩尤祖庙，每年都会定期唱戏祭祀祖先，后来祖庙消失，很多习俗仍然保留下来。《述异记·卷上》云：“汉武时，太原有蚩尤神昼见……其俗遂为立祠。”又载：“今冀州有乐名蚩尤戏，其民两两三三，头载牛角而相抵。汉造角抵戏，盖其遗制也。”按照古籍记载，蚩尤头颅如牛形，打仗时“以角抵人”，因此，蚩尤村里祭祀蚩尤神的时候是忌讳用牛

红色盐池水

头的。按“民不祀非族”的古俗，这些地区定有为数众多的蚩尤遗裔，才能具备形成和保持这种祭祀蚩尤习俗的社会条件。

令人惊奇的是，运城盐湖于2015年7月突呈红色，酷似“蚩尤血”且连续几日不退，这一现象又为当地的传说故事增添了几分神奇的色彩。蚩尤传说的发展、蚩尤村的存在，都为中华文化的多元发展增添了一抹色彩。

山灵以避屠，藏孤烈长风

“赵氏孤儿”的传说主要流传在山西省阳泉市盂县两千多平方公里土地上的453个村。2011年，为弘扬“重然诺、轻生死、舍子救人、崇忠善义”的忠义文化内涵，该传说被列为第三批国家级非物质文化遗产保护项目。

藏山

相传春秋时期晋国大夫为晋国公所害，临死托孤于门客程婴，程婴舍子救孤，携赵氏孤儿躲入盂山达 15 年之久，后人遂将“盂山”改名为“藏山”，立祠建庙历代祭祀。关于“赵氏孤儿”的传说，虽然最早在《左传》记载中已经有了人物的原型：赵武，但记述的重点在于君臣惨烈的斗争，最终以整个赵氏一族被灭为结局。因而说春秋战国时期该传说并未成形，至《史记·赵世家》才有了完整的“赵氏孤儿”描述，后经过《新序·节士》《说苑·复恩》等古籍不断地丰富和完善，故事在元末才真正发扬光大。具有代表性的是纪君祥的杂剧《赵氏孤儿》，与《窦娥冤》《长生殿》《桃花扇》并称中国古典四大悲剧。它是第一个传入欧洲的中国戏剧，成为西方人了解中国

滴水岩

和中国文化的重要途径之一。故事中程婴、公孙杵臼的忠勇仁义和牺牲精神，也逐渐凝结为儒家精神的典范。

在盂县民间，“赵氏孤儿”的故事已经流传了近三千年，之所以能经久不衰地代代传承，除了一定的政治行为影响外，最主要靠的就是老百姓间“叨古话”式的口耳相传，该传说故事所推崇的忠义精神已经深深扎根于民间信仰中。

民谣曰：“藏山藏山，藏在深山；人活一场，游游藏山。”“赵氏孤儿”传说故事所包含的忠义文化对藏山产生了非常重要久远的影响，藏山也逐渐成为“赵氏孤儿”忠义文化的代名词。藏山之奇，不在山色，而在于蕴含的历史文化。“无藏山，不赵氏”，当地还保留了很多与赵氏孤儿相关的遗址。当地除了藏山神庙、藏孤洞、藏山祠等名胜古迹，还有以传说

为基础形成的“藏山大王”信仰。民间认为赵武去世后，玉帝敕封其为“藏山灵感大王”，专保此地风调雨顺。盂县有100多座庙宇供奉灵感大王，藏山神庙报恩殿还保存有明代遗存灵感大王塑像；山上的黑龙潭传为灵感大王所用降雨的黑龙栖息之处；石崖缝中的柏树为灵感大王所封的“种树大王”寒号鸟所种；据说千年古树“榆抱槐”处，灵感大王还曾显灵吓退日本侵略者。藏孤洞旁边有一捞儿洞，在民间广泛流行着“捞儿洞前一炷香，儿女满堂代代传，捞儿洞内摸石子，心诚定能得贵子”的传说。这种说法始于春秋，盛于宋元，历经传承，延续两千多年，据说在洞内捞到了石子得金童，捞到了瓦片得玉女。蕴含了众多民间传说故事的藏山，正如谚语所说：“看山如观画，登山如读史。”

每年农历四月十三至四月十七，盂县都会举行盛大的藏山庙会，已延续两千多年，以纪念“赵氏孤儿”中的程婴及公孙杵臼等义士。长达五日的庙会除了祭拜赵武灵王，祭祀程婴、公孙杵臼等义士外，也成了人们进行交易、娱乐的场所，成为独具地方特色的民俗文化。每年过庙会都会唱戏，都会演出《赵氏孤儿》，以感念义士们的忠义行为保全了赵氏孤儿。“一切文化都沉淀为人格，重要的不是个体人格而是集体人格。”“赵氏孤儿”传说能传承千年没有消失，并通过藏山等物质承载促进了其忠义思想的传播与植根，形成了“慌鞍岭”“宝剑沟”等一系列相关地名，进一步扩大了地域知名度；藏山的存在也促进了“赵氏孤儿”故事及其蕴含的忠义精神的传播，在老百姓的心目中留下了深刻的印象，人们对正义的崇尚和对邪恶的鞭挞作为一个道德准则影响着一代又一代人。

藏山摸福

中华传统文化博大精深，忠义精神更是传统文化的精髓所在。藏山由于“藏孤”所形成的忠义文化不仅限于盂县，更是山西和中国甚至是世界文化的重要组成部分。“赵氏孤儿”传说故事所传承的忠义文化具有巨大的感召力和凝聚力，对于当今社会发展的影响和作用依然是广泛而深刻的。

碑首司马光，文章何煌煌

司马光是今山西夏县涑水乡人，世称“涑水先生”，历仕北宋仁宗、英宗、神宗、哲宗四朝，著述颇多，是我国著名的

司马光墓地

政治家、史学家、文学家。司马光的一生极富传奇色彩，如今夏县这个地方依旧流传着关于他的60多个民间故事。

提到司马光，人们首先想到的是“司马光砸缸——急中生智”“司马光砸缸——人小鬼机灵”的形象。近千年来，司马光的传奇故事一直被世人盛传不衰。“司马光砸缸”的故事北宋时已有记载，宋人李元纲所著《厚德录》中写有：“至今京洛间多为《小儿击瓮图》”，表明其故事的连环画在北宋时期已经广为传播。清嘉庆年间，邹圣脉将明代程允升所著《幼学须知》易名为《幼学琼林》，此事也被收入其中。司马光家世代官宦，受其父影响，自幼便聪敏好学。为了更好的读书，司马光专门在地下室开辟出一间书房，醉心于学问，因此，民间有“王家钻天，司马入地”之说。司马光一生的主要成就体现在

司马光砸缸

学术上，其中最大的贡献便是历经 19 年编纂而成的《资治通鉴》，全书洋洋 300 余卷，贯穿 1362 年史事，至今仍是史学界重要的参考研究资料。

司马光故乡及祖茔均位于夏县县城西北 12 公里水头镇的峨嵋岭上。司马光墓地分为茔地、碑楼、碑亭、余庆禅寺等几个部分。其中的“司马温国公神道碑”，碑身厚硕高大，高 9 米，号称“亚洲第一碑”。碑额“忠清粹德”由宋哲宗亲笔题写；碑文介绍了司马光一生的成就，为苏东坡所书，是司马光墓的重要标志。司马光生前官位至宰相，曾全面反对王安石的新法。后哲宗支持王安石变法，下诏收回所赐司马光的谥号，“神道碑”被砸毁分成四截，哲宗所题“忠清粹德”之碑和碑文皆被磨去。公元 1148 年，夏县县令王廷直派人寻找被毁的“神

神道碑

道碑”，竟然在一棵杏树下挖出残碑四段。后根据前人所保存碑文拓片，另刻新碑，此碑也被称为“杏花碑”。如今，无论历史纷争、政治对错还是毁誉成败，都成了过往云烟，而“半部《论语》治天下，两册史书安民生（一册为《史记》，一册为《资治通鉴》）”的说法却依旧流传在民间。《资治通鉴》不仅为后世子孙留下了巨大的精神财富，也为历代史学家编写史书做出了光辉榜样。

水头镇司马温公祠的南一公里处，有一村名为三贤庄，因有三位圣贤安葬在此而得名。“三贤”指的是：司马光、元代的归旸和明代的张谦。归旸和张谦都极度敬仰司马光，后竟然慕名而居住在此地，并立遗嘱要求后人将他们安葬在司马光陵墓北边。

司马光的传奇故事和治国思想源远流长，其故事的传播价值，远远大于故事本身，是中华民族“诚信、勤奋、机敏、善良”精神的集大成者，已然成为中华民族伟大精神财富和传统文化的重要组成部分。

和顺鹊桥仙，寻踪牛女家

牛郎庙与织女庙

关于牛郎织女的故事，民间有言曰："七月七牛郎织女相会——一年一次""牛郎约织女——后会有期""牛郎配织女——天生一对"，还有"银光灿灿白茫茫，牛郎织女隔江望"的生动描述。"牛郎织女"为中国四大民间传说故事之一，最早可以追溯到《诗经》中的相关记录，由古代先民对于星宿的崇拜心理逐渐演变而成，之后《淮南子》《史记》《博物志》等著作均有记载。

有大量史料记载与民间口碑都表明，山西省和顺县是牛郎织女传说故事的发生地。和顺县有"八山一水一分田"的地形特点，地域辽阔，风光秀丽，气候凉爽，四季宜人，自然资源丰厚，还是天然的消夏避暑胜地。虽然神话传说有着古老的渊源，很难确定其原型所在，但神话的发生地是可以考究的。牛郎织女传说产生于农耕文化高度发达的黄河流域，鉴于众多有

关牛郎织女的遗迹、传说和习俗都集中在和顺县南天池村一带的事实，有理由认为和顺是牛郎织女传说的发生地和流传中心。经过民间文艺家协会专家的反复考察论证，通过对山川风物、历史传承、民风民俗等多方面的考察，最终以较有说服力的证据确定了和顺县的天池村一带为该传说的发源地。经过长期的历史积淀，如今牛郎织女传说已经成为当地村民信仰和生活的一部分。

南天池村位于和顺县松烟镇东南角，处盆地，地势险峻，雾锁烟迷。以南天池村为轴心，半径2至3公里处，流传着许

天池

多与牛郎织女故事相关的古地名与景物名称，比比皆是，数量有 15 处之多。这些地名与牛郎织女传说相对应，形成了一条完整而生动的故事情节链：天河梁，为故事发生的主山脉；牛郎峪，据说是牛郎幼年放牛的地方；天池，相传是织女当时下凡洗澡的地方，等等。这些地名都是地方志中早有记载的地点名称，其余相关景物名称均长期流行于民间，如今能见到的还有牛郎沟、牛郎洞、牛郎庙、织女庙、南天门、金牛洞、老牛口、牛头山、相思背、喜鹊山、八仙洞、驴打滚等，还有已毁圮的王母娘娘庙、李天王塔遗址等。更有趣的是，在每年的七月初七，待云雾散尽，人们竟能发现，银河与天河梁走向吻合，这种现象为牛郎织女的传说故事又增添了不少奇光异彩。

在牛郎峪、南天池一带，关于牛郎织女的原生态故事传说至少已传 7 代以上。至今，还有王继生、王秉毅等三代说唱艺人相继为村民们说唱牛郎织女的故事。他们之中还代代相传地保留了牛郎织女故事说唱的手抄本。“天河梁下一清泉，一棵椴树盖得严。谁要喝了

驴打滚

天池水，能活长生不老仙”“喜鹊好，喜鹊好，喜鹊展翅搭天桥。牛郎织女天桥过，不知天桥牢不牢”。每年正月十五元宵节，南天池一带的村庄保留有演剧酬神的风俗，当地人叫“敬神戏”，无论演唱什么剧本，唢呐开场后，演员必定会吟诵上述韵文。

自古至今，南天池村民家家户户养牛，有的人家耕牛多达几十头，甚至还保留着“牛死埋葬”的古老风俗。村民过着男耕女织的生活，妇女们不仅善于刺绣，还保存有古老的纺车和织机。“一年有个七月七，天上牛郎会织女”，每逢“七夕”，村民们会进行“看天”的风俗，夜幕降临后，还在院子里摆好供桌，用毛豆、玉米和蒸馍等物拜天，祭祀牛郎和织女。附近许多村庄甚至会敲锣打鼓，以表达接织女回老家的喜悦心情。

牛郎织女传说有着鲜活的生命力，不仅体现了中华民族自古至今对爱情及婚姻家庭的一种理想、一种观念，更体现了中国传统文化的鲜明特征，蕴藏着深厚的文化意蕴，也包含着作为起源地百姓所拥有的淳朴情感。

珏山天下奇，月圆思团聚

晋城珏山，位于丹青河畔，又名角山，双峰对峙，宛若一对碧玉镶嵌在太行山上，有“晋魏河山第一奇”之称，自古就

有“中国赏月名山”的美誉，还具有“佛宗净土源青莲，太行真武归珏山”“珏山道、青莲佛、太行月映儒家风”的三教合一奇观。早在汉、魏时期，珏山就被开辟为道场，与青城、武当、天坛并称为天下四大道教名山，道教有“南武当、北珏山”的说法。同时，珏山还是我国北方少有的集自然景观与人文景观为一体的旅游胜地，人称“小武当”“小华山”。

“珏山月，天下奇”，看珏山吐月的最佳时间是每年中秋节，青莲寺内款月亭，为最佳赏月观望点。“天上一轮才捧出，人间百姓仰头看”，站在款月亭或者青莲寺，面向珏山，只见一轮圆圆的满月从双峰夹持中冉冉升起，“月是珏山明”，不仅美妙绝伦，还象征着圆满。因为珏山的月亮，晋城当地的人们十分重视八月十五这个团圆的日子，祭月拜月，各种习俗颇有讲究，例如，民谚曰：“宁留女一秋，不许过中秋”，是说归宁

青莲寺

的妇女不得在娘家度过中秋节这一天。

关于珏山吐月的由来，有一段美丽的神话传说。珏山上原住着善心菩萨，临近孚山有一个赤脚大仙。善心菩萨心地善良，为民造福；而赤脚大仙心胸狭窄，贪图享受。孚山门庭日渐冷落，珏山香火日盛，赤脚大仙对善心菩萨怀恨在心。一天，趁善心菩萨不在，赤脚大仙使法令珏山山坡爬满毒蛇，敬香者不能通行。玉帝知道后，降旨削掉了孚山山头，孚山从此成了断头山。善心菩萨发动众僧修了三百六十级石梯，以便香客朝拜。玉帝深感善心菩萨的善举，书“双峰捧月”四字降旨月宫嫦娥，令其于珏山上成此美景。从此每年的阴历八月十五，一轮皓月即从珏山双峰间缓缓升起，成了一处天然的奇观。

“珏山吐月”的传说故事不止此一个，而是一个系列：如

“月光娘娘殿的传说”“珏山中秋月饼由来的传说”等，属于地方风物传说，以山川名胜和物产来源为主；如“恶红魔珏山为害”“镇北方玄武上任”“珏山神医张月鹿”等，属于人物传说，以神仙、文人以及名医为主；如“青莲寺三迁为赏月”“中秋节的传说”，属于节日民俗传说，以中秋节为主；再如“永世姻缘同心石”“凤女神龟结奇缘”，则属于爱情传说。这些故事主要借助天体崇拜、地方习俗、名人逸事等手段，由当地劳动人民集体创作，并通过口耳相传历经千百余年流传下来。它们不仅情节奇幻曲折、内容丰富多彩，更生动地再现了珏山地区的历史地理风情和原始先民的生活习俗，具有重要的文学、民俗学和历史学价值。

马铃空响石，拖缰西北驰

晋城有四大古景：“东有珏山吐月，西有松林积雪，北有白马拖缰，南有孔子回车。”“白马拖缰”的传说在晋城地域内广泛流传，历经两千余年传承至今。

相传，古时有一少年，每天为财主上山打柴，财主常以柴少为由毒打他。一日，他打柴遇一受冻老人。少年不顾挨打的危险，施柴于老人。老人取一纸马送于少年，说这是当年唐僧取经时的小白龙，找到千年谷草让它吃下，立刻就能显灵。第

二天，恰逢风雪交加，财主依然逼迫少年进山打柴。少年来到白马寺，从佛像里取出一枝谷草喂给纸马。纸马变成了一匹雪白骏马，为少年驮炭而归。此事终被财主发现，半夜前去盗马，被白马踢翻在地，马铃声惊醒了少年。少年跃上马背，腾空而去。马铃被财主扯落，变成了摇之即响的马铃石，白马缰绳拖过的一条山梁至今寸草不生。这就是“白马拖缰”的故事。据说，白马寺山上现存有一种卵礓石，外坚中空，摇之有响声，即故事中马铃所化的马铃石。

“白马拖缰”又名“白马少年”，发源地是晋城城区白马寺山和白马禅寺，位于晋城市北四公里处。白马寺山原名司马山，相传因晋司马懿封长平侯曾登临此山而得名。又传白马随

白马寺

"白马拖缰"故事壁雕

唐僧西天取经，曾途经此山，后人建白马禅寺以作纪念，司马山遂改名为白马寺山。

除"白马拖缰"外，白马寺山一带还流传有一系列的传说故事："盗马贼""白马将军""白马寺山石佛窟""白马寺山'铁鸡蛋'""白马神巧助周世宗""白马救唐僧"等。这些传说故事均以"白马舍生取义"为主线，内容涉及地方习俗、宗教崇拜、历史典故等，尤其深受佛教文化影响，富有强烈的民间色彩和地方特色。

这种百折不挠、忠诚善良、舍己为人、积极进取的"白马精神"，通过口传心授的传说故事，被一代一代记录、传承下来，至今仍是构建和谐社会进程中不可或缺的精神力量。2009

年晋城市将“白马拖缰”的传说故事以动漫的方式表现了出来，起名《白马少年》。这种新颖独特的表达方式，用现代化传播手段进行了“重述民间”的加工演绎，意义非凡。

舜耕仁孝田，历山皆传说

“舜耕历山”的传说故事，最早见于《墨子·尚贤中》：“古者舜耕历山，陶河濒，渔雷泽。”《二十四孝》中第一个故事《孝感动天》，便是讲述舜孝心感动上天的故事。有关舜的传说在晋南流传颇广，《光绪垣曲县志》载：“历山在治北八十里，自沁水蜿蜒而来，广十余里，亘六十余里。山巅，荆棘不生，俗名舜王坪。相传舜耕于此。”

舜王坪

舜王庙

帝舜，是中国古代“三皇五帝”之一，是中华民族的人文祖先，是中华传统道德文化的始祖。民间故事中，舜是集睿智、勤劳、善良、才干和能力于一体的化身。后舜为百姓操劳过度成疾而逝，为历代人祭祀。舜帝的神话传说故事，来源于人民群众的需要，表达了先民们在恶劣自然条件下寻求保护的一种愿望，是历代民众的集体记忆和集体再加工。山西的历山上有许多关于舜的传说，如“舜王坪只长草”“奶泉水”“珍珠帘”“砖砌舜王庙”“舜王坪上不放羊”等，约 70 余个。这些古老又迷人的历史传说代代相传，具有浓厚的传奇色彩，同时也表达了人们对历山、对舜帝的深情厚意。

相传舜年幼丧母，常受后母虐待，但却以孝悌闻名天下，在舜王坪西南方向大约 30 余公里处的垣曲县同善镇附近，有

一个斜井村，村中有一古井，人称舜井，即传说中舜的继母推舜落井处；斜井村附近又有诸冯山，被认为是舜的出生地。诸冯山上有一“舜王泉”，也因舜带领百姓所开而得名。当地民谣曰：“涓涓帝乡泉，历世几千年。仁孝水长流，帝舜圣德传。”作为历山主峰的舜王坪，舜曾在此耕耘；山上美丽的皇姑幔，乃是舜帝二妃生活的地方，时常雾云迷漫如帐幔，风景奇美。在历山，舜帝的一生都用神话故事完整地表现了出来。首先，舜是一个人，具有“仁义礼智信”的高尚道德；其次，从故事情节来看，神话传说既具有了生活本身的形态，符合了生活的逻辑，又通过幻想和夸张等手段引发了故事的转变，把玄幻色彩和宗教信仰、文化道德等因素顺理成章地加入了故事

皇姑幔

情节中；最终，舜帝也成功地由人转变成为了人们信奉的神，关键时候能够帮助人们渡过难关，造福于民。

舜帝陵位于运城市盐湖区以北，据说是大禹为舜所建的牧宫。故事里，舜帝是彩虹的化身，舜帝陵大门特设计为彩虹状；舜本名姚重华，陵内神道西边有桃坞，寓意舜的出生地姚墟村桃林；虞舜棋台记录了舜发明围棋并教授其子的故事；陵内有巨柏，是大禹亲手为舜所植的两组柏树，名曰“夫妻柏”，已有4000多年历史。民间“二月二”和“九月十三”会举办与舜帝相关的祭祀祈福庙会活动。庙会以陵庙为中心，除了拜神、祈福等活动外，还会进行各种集市交易以及民间游艺等民

舜帝陵雕像

俗文化活动，这些活动进一步加深了民间对舜帝有关传说故事的记忆与传承。舜帝传说是表达为口头语言系统的民俗文化，在行为习惯上则表现为民众对舜帝的信仰和祭祀，从而进一步影响人们的精神生活。舜帝传说和舜帝信仰相互影响，形成了内涵丰厚的舜帝民俗文化。

舜帝信仰在山西南部十分普遍，是舜帝传说得以产生和流传的心理基础，对舜帝传说的生成和变异发挥了重要的作用；舜帝传说又是舜帝信仰形成与变迁的基础，是舜帝信仰得以普及、延续和盛行的保障。舜帝传说与信仰习俗在相互作用下，包含了丰富多彩的历史文化内涵，文化内容极其丰富，底蕴深厚，博大精深，在民众的物质生活和精神生活中发挥着调节民众生活、增强群体凝聚力的作用。

巍巍杀虎堡，苍凉唱西口

“哥哥你走西口，小妹妹我实在难留，手拉着那哥哥的手，送哥送到大门口……”歌中的西口就是杀虎口，位于山西、内蒙古交界处的右玉县，是长城上的一道关隘，自古这里就是兵家必争之地。有谚云：“杀虎口，杀虎口，没有钱财难过口，不是丢钱财，就是刀砍头，过了虎口还心抖。”

然而，杀虎口并无老虎。春秋至秦汉时杀虎口称参合口，

杀虎堡遗址

隋唐时称白狼关，宋称牙狼关，明正统十四年（1449 年）改称杀胡口，改名的原因是为了表达对入侵中原的“异族”的仇恨。满清王朝入中原之后，与蒙古族的矛盾得以化解，为了避免引起蒙古人的反感，康熙三十五年（1696 年）“杀胡口”改为“杀虎口”。进入民国后，杀虎口也曾因地理优势，再度成为军事要地。尤其在抗战期间，这里是八路军晋绥边区和大青山游击区的重要通道。杀虎口除了纵横疆场、保家卫国的军人和战争传说外，还有艰苦创业、白手起家的晋商传说，以及无数走西口的老百姓所留下的无名英雄的故事。发生在这里的传说数不胜数，令杀虎口充满了传奇色彩。

所谓“东有张家口，西有杀虎口”，关内的山西人要想去内蒙古谋生，必须经过杀虎口。杀虎口是明清山西贸易兴衰的实证，被称为“晋商的摇篮”。传说“先有大盛魁，后有复盛公。先有复盛公，后有包头城”“一个大盛魁，半座归化城”，大盛魁兴盛了归化城，在历史上是一个享誉中外的旅蒙老字号，延续260年。据说，清光绪年间，榆林村余姓人家养着1000多峰骆驼，永安村柳姓人家养着800多峰骆驼，人称“余一千，柳八百”，他们常为大盛魁运送生烟、铁器，时人有“南有胡雪岩，北有大盛魁”之语，大盛魁商号盛极一时，几乎垄断了整个蒙古牧区市场。大盛魁的发展史可以说就是一部内蒙古经济文化的发展史。

“走西口”不仅承载了晋商商帮的光荣与梦想、成长与艰辛，更铭写了山西人西口移民谋生的血泪悲情史。“黄河百害”，身处山西西北高原黄河拐弯处的农民，历来生活极为贫苦。为生活所迫，他们不得不于每年春天，背井离乡，哭别亲人到口外（内蒙河套一带）去谋生，在那里或揽长工、打短工，或挖煤、扳船，以求挣得几个工钱养活全家，“万般出于无其奈，扔下亲人走口外”。他们春去秋归，年年如此，有的甚至数年不归，家中留下妻儿老小无依无靠。“河曲保德州，十年九不收；男人走口外，女人挖苦菜”，在旧社会，这里大部分的贫苦农民过着“走西口”的漂泊生活。一曲《走西口》，出塞几人还？杀虎口承载了山西人为了谋生不得不离开家园的悲苦之情。

如今的杀虎口已经成为各地游客争相往来的旅游景点，现在的人们已经无法深刻体验到旧时晋人走西口的辛酸和悲凉了，但是杀虎口作为明清山西晋商历史的缩影，作为中国近代金融贸易兴衰的实证，是无法改变、无法磨灭的。无数的前辈用他们的坚持、忍耐和胆魄，打开了一条通往关外、通向新世界的道路。只有了解了走西口的这段历史，才能真正了解山西人。

几千年来作为军事重镇和商贾贸易通道的杀虎口，将军事文化和晋商文化交织融合，形成了独特的西口文化，成为前人留给我们的一笔珍贵文化遗产！

绵山碑碣昭，三晋多义士

“寒食禁火，冷食一日。”寒食节是我国最古老的节日之一，在清明节前几天，说法不一。民间有在寒食节做“寒燕儿”以纪念介子推的习俗，介休方言“燕”谐音“念”，表达了百姓提醒后人“念念”不忘介子推的愿望。

介子推，后人尊为介子，春秋时期晋国（今山西介休市）人。介子推的出身事迹见诸文献的极少，“割股奉君”和“火

介子推母子像

烧介子推”等相关传说故事却一直为人们津津乐道，汉代就成形并广泛流传，汉武帝时期的《韩诗外传》中便有记载。据说春秋时候，晋国发生内乱，重耳避难奔狄，介子推随重耳在外逃亡，风餐露宿，饥寒交迫，割股奉君。后重耳复位成晋文公，介子推却隐居绵山，不食君禄。晋文公为逼其出仕，火烧绵山，最后在一棵枯柳树下发现了介子推母子的尸骨。晋文公后悔之余，遂将绵山改名为介山，并立庙祭祀，下令介子推祭日时，全国都不得烧火煮饭，改食凉食，这就是“寒食节”的由来。此后的第二年，晋文公率众臣到绵山下的介庙祭奠介子推，看到被烧柳树死而复活，以为柳树是介子推化身，便赐柳

介子推神像

树为清明柳。从此，每年清明节，晋国百姓家家门上插柳枝，扫墓栽柳；青年男女要上山踏青，头戴柳条编织的柳环，以抒发对介子推的怀念之情，当地有言曰："清明不戴柳，红颜成皓首。"

"清明寒食始绵山"，因为介子推的缘故，绵山就有了灵魂。2008年，绵山被中国民间文艺家协会命名为"中国清明寒食文化之乡"。这里有因介子推母子栖身而得名的栖贤谷，是25亿年前形成的天然大峡谷，峡谷中溪水潺潺，风光绝伦；介子推母子进入隐居之地所通过的九曲一线天栈道，是以幽险著称的自然景观，两壁光如刀削，高入云表，岩山奇树倒挂，脚

“之”字形栈道

底涧水流淌，漱石溅玉，水平如镜。介公岭上鱼龟山，是介子推母子选择的隐居生活地，“鱼龟”谐音“于归”。传说介之推母子艰难跋涉来到这里，迎面见左边的山岩形似卧鱼，右边的山岩酷似龟形。介母想到当时民歌中有“之子于归，宜其室家”之句，便说：“到了，这里就是咱们的归宿！”于是母子二人选了这个山洞栖身，过起了“结庐而居，采薇而食”的生活。

介公岭介公墓据说是晋文公为怀念介子推而敕令修建的衣冠冢。介子推身后被奉为道教之神，在介公祠内享受祭祀。可以说，介公墓是介子推忠孝一生的总结。陵寝以苍天为盖，青山为屏，四周松柏为帐，以士大夫祭礼规格，建有石供桌、石

介公墓

俑、石雕三牲、下马石等，一应俱全。陵寝两侧“忠孝”“清烈”两座石牌坊上的阡表和诗词，书写概括了介子推的伟大一生。墓前有一座英烈亭，为后人缅怀介公忠孝清烈精神而建。

介子推的故事生动感人，他忠诚追随落魄重耳且功成之后淡泊名利，不遗余力孝亲敬亲的忠孝思想，符合我们中华民族尽忠尽孝的传统美德，故而能流传两千多年。介子推功不言禄的高尚品格，已经成为中国人民一种可贵的精神文化财富被传承下来。

农皇书本草，炎帝遗恩泽

炎帝，是中国上古时期姜姓部落的首领尊称，亦称赤帝、烈山氏或神农氏，据说为女娲之后中华民族的始祖之一，自他以后中国正式迈进农耕社会。山西东南部流传有很多关于炎帝的神话传说故事，内容主要集中在农业发明和医药发明两个方面。

炎帝发明种植业，主要是种植粟。粟，即谷子，去壳后就是我们常说的“小米”，是我国北方主要粮食作物。山西是粟作物种植的核心起源地域，小米在山西人的日常饮食中占有非常重要的地位，在民众日常生活中也逐渐形成了大量与小米有关的习俗；同时，这里还被认为是炎帝发明制作各种农具、播种收获五谷的地方，有关农业耕种的民间习俗更是丰富多彩。

神农祭祀广场

炎帝陵

传说中作为神农氏炎帝的出生地、起兴地和安寝福祉，山西高平地区可谓是炎帝名副其实的故乡。以高平羊头山为中心的上党地区，遍布着神农炎帝的大量遗址遗迹和民间传说。据不完全统计，上党地区现存炎帝相关的庙宇 53 座，而高平的庙宇，如炎帝行宫、寝宫、中庙、高庙等院落就占了 35 座，且古碑数量众多；高平羊头山上还存在大量保存完整的神农城、五谷畦、神农泉、耒耜洞等历史遗迹；神农镇内还有与炎帝有关的换马村、北营村、庄里村等地名。这些庙宇、遗迹和名称，相互映衬，时代悠久，形成了一个内容相对完整丰富且大范围高度密集的炎帝文化遗存系统，不得不令人称奇、令人信服，以至于在全国都实属罕见，影响深远厚重。

神农镇庄里村位于高平市城东北 17 公里处，这是炎帝一生辛勤耕耘劳作的地方。当地居民至今流传着这样的歌谣称颂炎帝："四月八，神农活，炎黄子孙都记着，祖先种地全靠他。"炎帝不畏艰辛，终于感动上苍发现五谷，并且把种植方法交给大家，帮助百姓耕种收获，首先解决了困扰先民已久的吃饭问题。高平现存的五谷庙，四周都是连绵起伏的山岭，这些山岭被美其名曰"米山""面山"，山岩峭壁所夹之间还有一条小河，名为"香油河"。民间流传着"米山、面山，铜旁铁底香油河"的美好传说，都是对炎帝丰功伟绩的记载。

"吃五谷杂粮，保不住不生病。"处于蛮荒年代的原始人类面对疾病，更是束手无策。于是为了救民于水火，炎帝多次进入深山老林，勇尝百草，探求良方，歇后语有"神农氏尝百草——什么毒都见过"。老百姓说得好："知道是个宝，不知道是个草"，炎帝的坚持不懈，终于实现了变"草"为"宝"的伟大转化。然而，这种过程却是极其痛苦的，甚至于要付出生命的代价。据说炎帝在高平西北处的山岭上采药时，曾经在一天之内身中 70 余种毒，最终因尝试一种"断肠草"（一说"百足虫"）而身亡，民间有言流传："神农氏尝断肠草——没治了。"为了纪念炎帝的这种献身精神，人们便在岭上建起庙宇，将该岭命名为"炎帝岭"；炎帝中毒后在返回羊头山的路途中，经过一个村庄，因为无法忍受剧痛，不能骑马前行，于是改换为被人抬着走，这个村庄得名“换马村”；待炎帝走到换马村相邻的另一个村庄时，病情更加严重，任凭身边陪伴的人如何不停呼唤，炎帝都无法回应，人们把此地称为“叫不应”，因为方言发音的关系，“叫不应”后演变为“北营（不应）村”。据说神农镇的长畛村是炎帝夫人的娘家，炎帝的岳母乃是一位解毒制药的能手。“小米有个眼，小麦有道缝，豆子有个点”，传说就是炎帝的岳母为救治他而留下的痕迹，但最终因中毒太深而未能成功。炎帝离开后，被安葬在他抛洒血汗、辛勤耕耘过的地方，即“炎帝陵”，当地人俗称“皇坟”。

地名故事

皇坟的周围，也存在大量与炎帝有关的地名。如炎帝逝世后遗体停放的地方，被称为“卧龙湾”；相传炎帝去世后，所骑的宝马非常通人性，不分昼夜奔跑哀鸣，最终不知去向，后人把那片山冈叫作“跑马岭”；皇坟东南面的晒场，据传是炎帝晒粮食的地方，也是炎帝教授种植、培育五谷方法的园圃，所以也被称为“五谷山”“艺谷圃”；炎帝离世后还在此地装殓，因为“装殓”二字的谐音，这块地方后来演变成“庄里

炎帝祭祀典礼

村”。每年的农历四月初八是炎帝陵的祭祖节，会期往往持续一个月左右的时间，附近的村子北营、换马、庄里等则会同期联合举行大型庙会，有句民谚“走扬州，下汉口，不如五谷内当社首”，就是对当时庙会盛况的描绘。以上的地名与庙宇一道，表达了人们对于神农氏炎帝的感恩和崇敬之心，形成了从炎帝生活、生产以及安葬到祭祀的一个完整文化体系。

2013 年，在高平本地还出现了一部专门以炎帝故事为主要内容的早期鼓书唱本，名为《感天动地天地垂泪救神农》，讲述了炎帝中毒后，众神前来相救的故事，表达了人们对于炎帝的挽留和怀念。唱本中记载道："说韭菜道洋葱，哪一样都得感谢神农老祖大恩情。没有老祖播五谷，哪来天下衣食丰。说衣食道农情，咱正唱到老祖兴业在高平。"唱词中还多次出现例如"地溜平"的高平方言词语。可以说，唱词的内容与现存炎帝在高平活动的轨迹史料记载基本相同，这一民间曲艺作品进一步证明了炎帝文化在当地民间的传承。

高平所包含的炎帝传说故事和文化遗迹，无论是实际存在的客观载体，还是非物质的存在，从时间上几乎囊括了魏晋隋唐到清末民初的整个历史阶段，在全国都是罕见的，具有独特的优势。作为一个农业文明大国，中华民族的传统文化具有浓厚的尚农精神，在炎帝的带领下，先民们从飘忽不定的游牧生活逐渐进入安稳定居的农耕生活，其被誉为农业之祖当之无愧。炎帝翻山越岭，跋山涉水，开创了中药学，又被称为"医药之祖"。炎帝所承载的，不仅是一个上古帝王的功劳，更是一个民族众多的原始先民的智慧结晶和中华民族的灵魂传承！

普救说姻缘，粉墙通深院

"红娘月下牵红线，张生巧会崔莺莺。"《西厢记》依托于张生和崔莺莺的爱情传说，在中国可谓家喻户晓。该故事跨越古今，驰名中外，在我国历史上产生了广泛而深远的影响。

普救寺

民谚曰:“天下寺庙不言情，言情唯有普救寺。”普救寺，位于山西省永济市蒲州，始建于隋朝初年，是《西厢记》故事的发祥地。《西厢记》的传播让普救寺也名扬天下，从而有了“剧以寺而生，寺以剧而名”的说法。1986年以来，普救寺得以修复，寺院建筑布局为上中下三层台，东中西三轴线，规模恢宏，是“寺塔一体，塔居中心”的典型布局。从塬上到塬下，殿宇楼阁，廊榭佛塔，依塬托势，逐级升高，都给人以雄浑庄严、挺拔俊逸之感。寺内布满了和《西厢记》故事密切关联的建筑：张生借宿的“西轩”；莺莺一家寄居的“梨花深院”；掩映在青松翠柏、千竿修竹之中的“拜月台”；寺内大钟楼，高17米，传说为“白马解围”中的“观阵台”;“白马解围”之

梨花深院

后张生移居的“书斋院”穿插其间。这些都为寺院增添了许多神奇的色彩。1987 年 5 月 13 日，大钟楼基址出土《普救寺莺莺故居》碑，碑上刻有一首金大定年间王仲通撰写的七言律诗：“东风门巷日悠哉，翠袂云裾挽不回。无据塞鸿沉信息，为谁红燕自归来。花飞小院愁红雨，春老西厢锁绿苔。我恐返魂窥宋玉，墙头乱眼窃怜才。”这成为《西厢记》与普救寺关系最有力的印证。

寺内最引人注目的当数莺莺塔。普救寺历尽沧桑，在滚滚红尘中，殿堂庙院均毁坍湮没，唯有高 37 米、共 13 层的方形舍利砖塔，即莺莺塔，依然屹立不倒，民谣俗语说：“普救寺里莺莺塔，离天只有丈七八；站在塔顶举目看，能见玉帝金銮

击蛙台

殿”“普救寺里听蛙声，莺莺塔下说张生”“莺莺塔藏金蛤蟆，手击妙处叫呱呱”。莺莺塔，不仅形制古朴、蔚为壮观，而且以奇特的结构、明显的回音效应著称于世。游人在塔侧以石扣击，塔上会发出清脆悦耳的蛤蟆叫声，方志中称为“普救蟾声”，为古时永济八景之一。

张生和崔莺莺的爱情传说不是一蹴而就的，而是经过了不断的历代演变才形成，最早版本是唐代元稹所写的传奇小说《会真记》，又名《莺莺传》，该小说却以张生对莺莺始乱终弃为结局；到了元代，王实甫对《西厢记诸宫调》进行了改编，最终写成了《西厢记》，被誉为“中国古典文艺中的双璧”之一。张生和莺莺历经磨难，终于团圆，引发了人们对于爱情的共鸣；普救寺内的建筑、景观和遗迹等，同张生、莺莺的故事巧妙地融合在一起，最终形成了一系列的西厢文化。随着现代社会物质生活水平的不断提高，人们对精神上的需求也不断增强，心中都渴望能找到一份真爱，《西厢记》正代表了年轻男女对恋爱自由、婚姻自由的追求，普救寺也就顺理成章地成为

张生跳墙处

了大众心目中推崇的爱情圣地，也成为人们祈求爱情、表达爱情的最佳地点。

除了张生和崔莺莺的爱情传说外，作为一座佛家寺院，普救寺还流传着“以画悟禅”“普救寺铁人”“师徒比艺”等传说故事。不同的传说故事各自阐述着不同的道理，所反映出来的正是当时的社会现状和人民群众的普遍观念，不仅具有一定的教化作用，对现代人也有一定的学习价值。

普救寺本是一座佛教寺庙，求神拜佛、祈福消灾是它早期的主要功能，后来因张生、崔莺莺爱情传说的融入让普救寺成为爱情圣地，其所在的村子也由此改名为西厢村，足以见证传

说故事力量的强大。

圣人回辙印，师表道万世

晋城市南面的天井关村有“孔子回车处”，正是孔子周游列国之西至。孔子回车的故事在晋城流传了千百年，是古晋城的“四大景点”之一，也是山西省古文化的极精彩处。

孔子是中国传统文化代表性的人物。春秋末期，孔子周游列国，用 10 多年时间在宋、卫、郑、陈、蔡等诸侯国间奔来走去，虽然没有获得实现政治理想的机会，却成就了我国古代史上一次影响深远的文化长旅，有效地传播了孔子的思想，促进了儒家思想的形成和传承。在孔子的游历传说中，山西是一个重要的地点，赴晋与别晋也非常富有戏剧性。相传孔子离开卫国后，经太行山星轺驿，路遇小儿玩以石筑城的游戏。孔子叫小儿让路，小儿反以车应避城而无城避车

天井关

之理诘难。又有农夫讯问农事知识，孔子所答难以自圆其说。前行至天井关，见树上黄鼠拱立，似作揖状，孔子叹此地知礼已甚，十分感慨遂回车南归。

孔子回车石碑

历史上，星轺驿从唐朝开始作为驿站长达一千年之久，因为在此地拦住了孔子所乘之车，被后人改名为“拦车村”，当地商业发达，流传着“拦车官街人挤人，挑肩拉货挤不出城”的民谚。拦车村北向约3公里处即是天井关村。天井关古村，是太行山上最重要的险隘名关之一。至今还保留有“孔子回车”的石碑，古朴美观，为明万历年间泽州太守冯瑗重所建。在石碑不远处可以看到古代车轮行走留下的车辙印，被称为“孔子回车车辙印”。不论孔子回车故事的真假，这块石碑就是孔子传播儒家思想和文化的有力见证。天井关村街道的中心有一石猴，不知何时何人将石猴首级割去，村中人称“石猴石猴没有头”，此猴是路标，往西去阳城，往北走达晋城，古代客商以此为标识分辨方向。

据考，天井关村还建有一座孔庙。该庙始建于东汉建宁二年（169 年），是孔子的第 19 代嫡孙出资兴建的飨庙。可惜在1943 年日军侵华期间，该庙的文物被洗劫一空。日军强拆庙宇砖石来盖炮楼，千年孔庙就此被毁，仅剩遗址可寻。但也从另一个侧面证明，孔子确实和此地有着特殊的渊源，从而留下了相关的足迹。

虽然孔子回车的传说早已远去，但在拦车村和天井关村，至今仍流传着许多故事，反映了当地人的智慧和骄傲，展现了山西人自古以来知礼识礼的文化传统，是传承中华文明的不倒丰碑。

风吹槐花香，万里寻根祖

民谚曰："北有大槐树，南有石壁村。"此话是说北方人的根系于山西洪洞大槐树，南方客家人的根系于福建宁化石壁村。洪洞大槐树，又称古大槐树，位于洪洞县城西北二公里处贾村西侧的大槐树公园内，是一处明代迁民的遗址。

以该遗址为基础，相关的民间传说故事有很多：迁民缘起、大槐树地点、官府强迫或欺骗迁民、脚趾甲复形、背手、解手、"打锅牛"分家、燕王扫碑以及红虫吃人的传说等。相传元末动乱，中原、江南等地人烟稀少。因为山西有太行

洪洞大槐树寻根祭祖园

山、吕梁山等自然天险做屏障，故而在一定程度上躲过了各种天灾和战争，兵荒马乱几乎没有殃及此地。同期的山西风调雨顺，人丁兴旺，并且随着外地难民的大量流入，成为当时人口最稠密的地区之一。明朝建立后，为了发展生产、恢复国力，在明洪武到永乐年间，政府屡迁山西之民到河北、河南、安徽、江苏等地，而当年迁民最集中的地区就是洪洞县。于是，当时的中央政府便在洪洞县设立了一个移民机构，专门办理移民事宜，相传当年这里就有一棵老槐树。现在的大槐树遗址是山西省文物保护单位，名为“洪洞大槐树寻根祭祖园”，而古大槐树遗址原是明代一处移民基地。老话说得好：“千年的松，

千年槐根

万年的柏，架不住老槐树一摇摆。”据记载，当年的古槐树身围为“七庹零一媳妇”，也就是说，要七个男人和一个女人手连手才能合抱。目前的大槐树为仿古槐而建，后在旧树根部又发出新枝，长出第二代、第三代大槐树，充分展示了大槐树顽强的生命力。园内大槐上还有一“老鹳窝”。俗话说，金窝银窝，不如自家的土窝。相传当年移民不愿离开故乡，起程时频频回首，渐渐地越行越远，只能看见大槐树上的老鹳窝。因此，大槐树和老鹳窝就成了魂牵梦绕的家乡标志。值得一提的是，园内的祭祖堂供奉着1230个从大槐树下迁出去的姓氏牌位，号称“千家姓”，是天下民祭第一堂，每年的祭祖仪式就在这里举行。

“谁是古槐底下人，脱履小趾验甲形”“问我祖先来何处？山西洪洞大槐树”“问我故乡叫什么？大槐树下老鸹窝”。这些民谣不仅流传很广，而且被人们作为辨认乡亲、识别古槐移民子孙的证据。洪洞大槐树下的移民，当初直接迁入地是豫、

二代、三代大槐树

鲁、冀等省市。到现在，所迁后人已遍布神州大地、天涯海角。人们在询问起故乡、盘查祖籍时，常常脱鞋拉袜，亮出脚丫，验看脚小趾是否复形。如果谁的小指甲上有几道竖纹，好像是两个指甲，那他的祖先就是从洪洞大槐树下迁来的。此外，就连我们所最熟悉的“解手”一词也来源于大槐树移民。解手，即上厕所的意思，民间传说，在强制移民过程中，官方将两个人的手反绑在一起，遇内急上厕所时才将手解开，所以后来江西人的土话都将上厕所叫“解手”。

“同是古槐迁来人，数世之后喜相逢。”洪洞大槐树的传说故事，影响力远远超过了其他移民祖籍寻根问祖的相关说法，反映了人口迁移过程中劳苦大众的共同心态，承载了移民对于

祖先和家园的集体记忆和历史记忆，具有强大的民族凝聚力和社会整合力，对增强海内外华人的民族自信心、自豪感和认同感起到了积极的作用。

关庙香火浓，忠义炳千秋

人常说："文教孔子，武教关公。"关公备受后人崇敬，甚至与孔子地位相平，已然成为一个超民族、超信仰、超国籍、超时空的国际道德偶像。

关公名羽，字云长，为今山西省运城市常平乡常平村人。2010 年 9 月 13 日，全世界最大的关公塑像在山西省运城市对外开放。运城作为关公的出生地和青少年成长地，相关的民间传说故事丰富多彩，具有悠久的历史和灿烂的文化。这些传说故事均由乡间百姓集体口头创作，经过长期的流传、演变，不断修改加工，使之日臻完美动人。关羽传说故事所覆盖的内容相当广泛，从其降生出世、姓名由来、主要

关帝圣像

活动，以及死后灵魂显圣等无所不有。黎民百姓是把关羽作为神圣帝君来敬仰崇拜的，这些传说故事大都带有浓厚的神话传奇色彩。如果整个世界的关帝庙是一座大树的话，运城地区的关帝庙则是这棵大树的根，故而民间有“游文庙不游武庙是一大遗憾，到运城不拜关公则枉来运城”一说。

在山西，常平关帝祖茔、关圣家庙与解州关帝庙并称“三关”，这些弥足珍贵的文物史迹组成一个独一无二的圣迹文化风景线。其中，关帝祖茔位于运城中条山石磐沟，三面环山，两边外突，地貌奇特。山上有座石磐道院，相传关公的祖父石磐公葬在此地，当地民间有“洗脸盆”“马蹄印”“分云岭”等众多传说，并保留相关遗迹。

关圣家庙占地 15000 余平方米，到现在已有 1800 年历史。民谚曰：“关公庙堂遍天下，只有常平是真家。”庙内保留的石碑，记述了许多关羽的故事，是研究三国历史的珍贵资料。此庙相传为关公祖宅，关羽从出生到避祸出走前一直生活于此。庙内崇宁殿前的柏树上缠绕了许多红绳，为老百姓所系，相传为孩子拴上此红绳，就等于认了关老爷做干爹，会保佑孩子健康平安地长大；除此之外，还有独特的“庙中庙”与“庙中塔”建筑，记录了关帝的诸多神奇传说。

民谚说：“关帝祖庙在解州，忠义仁勇震九州。”山西解州关帝庙被誉为“天下武庙之祖”，敕建于隋开皇九年（589 年），

解州关帝庙

在国内外数以万计的关帝庙中规格最高，其建筑价值、人文价值是全球任何一座关帝庙所无法替代的，是一处保存完整、规模宏大的古建筑群。庙内崇宁殿殿前“磨刀石”供桌有一明显裂缝，据说是关公磨刀时留下的，老百姓中至今仍流传与此相关的一句俗话：“大旱不过五月十三。”传说农历五月十三是关公老爷磨刀赴会的日子，到了这天，必定打雷下雨，雷声就是关帝的磨刀声，雨就是关帝的磨刀雨。“春秋楼”是关帝庙中的精华建筑，也是整个建筑群的最高点。其中二楼的悬梁吊柱结构，属我国古建筑中的珍品，民谚说：“天下关庙数解州，解州庙数春秋楼。”春秋楼有三绝：上层廊柱的垂柱悬空，楼内关公夜读《春秋》塑像，楼当顶正对北斗七星。

春秋楼

分布在运城地区的关公庙建筑群，作为关公传说故事、关公信仰、关公文化的物质载体，对于中华民族有着独特的价值和意义，关公文化也成为运城地区的标志性文化。以义勇著称的关公为世人所敬仰缅怀，除了官方祭祀外，关公文化已经融入当地人民的日常生活之中，通过构建的传说来解读关公，不断进行着“活的传承”。作为关公故里，传说主要分为四类：关公诞生传说、关公出走传说、关公显灵传说以及关公斩蚩尤传说。这些传说故事与当地的民风民情紧密结合在一起，使得关公被塑造成了集多种神祇角色于一体的万能神：雨神、财神、药神，甚至生育神等等。这种口耳相传的集体记忆，既迎合了历史文献，也是对历史文献的补充，更是民众智慧的显现。山西境内以解州关帝庙和常平村家庙为中心，形成了覆盖全省甚至全国的信仰文化圈，关公成长、统军和帝圣显灵的传

说故事也得到了广泛传播，故事所赋予的忠义、仁爱、诚信等高贵品质亦形成了精神文化，深深植根于人们心中。

“关公庙宇遍天下，五洲无处不焚香。”关公信仰至今方兴未艾，这主要是由于它的全民性与兼容性。在我国历史发展的长河中，无论是庙宇建筑还是传说故事，已将关羽一生的忠、义、仁、勇，特别是忠和义，升华为关羽的人格形象精神。这种精神，实际上折射着一种中华民族的传统文化现象，蕴含着人们所向往和趋同的人生价值观念，只有从社会和历史的视角去认识、凝练和升华它，与社会和历史一同发展，最终方能形成独特的关公文化。

万泉农家乐，荣河笑声朗

万泉、荣河，合并为万荣，古称汾阴，是一个充满智慧和幽默的地方。远近闻名的万荣笑话是当地土生土长的地方民间口头文学，流传有“万荣笑话甲天下”的说法。万荣笑话生动有趣，机智幽默，来源于人们生活中的谐趣言行，是万荣及河东地区群众的口头创作，广泛流传于山西及全国的许多省市。

万荣张仪村，一直保留有张仪的活动遗址和传说故事，而鬼谷子、苏秦等名士也与此地有着密切的关系。由此可见，万荣在历史上多有舌辩之士，在语言文化的传承上也不可避免受到他们的影响，从而产生了万荣笑话这种俏皮、幽默、诙谐的非物质文化遗产。万荣笑话，在晋南方言中被称作“万荣zèng”。这个“zèng”怎么写，说法不一。经过调查考证，并多方请教，山西省社会科学院吴建生先生终于证明了这个字“zèng”其实应该写作“脀”，普通话读作“zhēng”。这个字在现代汉语中已经不使用了，但还活在晋南人的口语中。如某人做事情有点傻，或者做的事情不符合常规，就会说这个人有点“脀”。某人做事有悖于常理，方言就说这人带着“脀气”。万荣还有一条歇后语说“三九大穿衫了——耍脀哩”，指故意表现自己的与众不同，相当于北京的“摆出二百五劲儿来”，就是“脀”的特殊表现。

万荣笑话的起源有多种说法，学界比较肯定的是：万荣笑话起源于明末清初荣河镇谢村的“七十二脀”。谢村作为万荣笑话成形之地，是有其历史原因的。过去资源困乏，谢村在和周围村庄发生利益争夺的过程中，经常仗着自己人多以大欺小。忍气吞声的弱小村落，其民众便故意把“脀”气这种特殊的标签贴于谢村人身上，日积月累，就形成了“七十二脀”。随着“七十二脀”的流传，属于其他地域的笑话成分也被吸收进来，闻名于全国，正所谓“万荣笑话遍全国，全国笑话数万荣”。

万荣笑话原本就是农民的口头文学，田间地头休息，农闲

时节偏闲，拣一些听来的段子，随口把主人公换成身边的人来讲，以增加娱乐性，你给我编一个，我给你编一个，就完成了创作，是农民一种自娱自乐的生活方式。所以，万荣笑话具有“原生态”形式，深深植根于当地群众的日常生活之中，是黄土地上地方文化的象征符号。随着时代的发展，万荣笑话的内容题材、传播模式和艺术形式都在不停地创新、变化。首先，多数万荣笑话的内涵由过去的低级粗俗、愚昧无知转换为机智幽默、永不服输的万荣精神；再者，从表现手段上讲，更是由原先单一的田间地头、口耳相传转变为形式新颖、多方结合的传承方式。

万荣县阎景村的中国万荣笑话博览园，以“中华笑城，笑

万荣笑话博览园

满华夏”为主题，是非常有创意的万荣笑话载体。例如，园内由72块石头堆叠而成的笑碑，上写着万荣独有的“zèng”字，代表着万荣人民的执着；立体笑话“万荣名片”上写：

中共中央国务院 山西省委万荣县

地方国营水泥厂 支部书记兼厂长

王二旦

以上都是万荣笑话的经典代表，它们通过另一种更为具体、更为形象的发明再造，实现了文化资源价值的提升。可以说，万荣笑话博览园是通过中国“笑文化”进行休闲娱乐、保健养生的“产、学、研”基地，是黄河金三角地区乃至全国的一张亮丽的文化名片，成功地实现了万荣笑话的景观化。

万荣还将笑话作为一种产业来开发，实现了万荣笑话的产品化。例如，开发智能玩偶，可以用方言和普通话分别来讲万荣笑话，并能与人聊天、互动等；印制万荣笑话名片、扑克；举办万荣笑话大赛，并将搜集的万荣笑话整编，印制成图书、台历等。这些举措成功实现了文化资本向经济资本、符号资本的转换，有效地促进了地域文化的迅速传播。

为发展万荣笑话，万荣县还成立了笑话协会，组织会员深入基层，在现实生活中挖掘、搜集、整理、创作新笑话。作为一种汉族民间口头文学，一种地方文化特产，万荣笑话被称为黄土地上的幽默之花，受到广大群众的喜爱。随着时代的变

化，万荣笑话的题材和传播模式、艺术形式都发生了变化，其地位也受到了重视。万荣笑话在成功实现了“传统的再造”和文化再生产的同时，也增强了当地民众的文化自信心，推动了整个地方经济的发展。

作为华夏文明的发祥地之一，山西保留了极为丰富的优秀神话传说故事资源。山西的民间故事与山西生态环境、历史文化与生产生活传统、移民构成有着密切的关系，呈现出历史性、风物性与流动性等特点，涉及的内容一般包括：历史时代、地理环境、历史人物、历史事件等。

著名神话学家茅盾先生在《中国神话研究ABC》中将中国上古神话划分为北、中、南三个核心区域，山西正处于北部这一核心区域。作为黄河中游的华夏集团代表，晋民主要活动在辽阔的黄土高原上，形成了大量映射远古社会情状、部落文化意蕴的神话传说，孕育了一批忠君爱国、誓死奉献的贤臣名士，涌现出了许多英勇神武、保家卫国的英雄名将，散落着一支支坚贞不渝、温柔多情的爱情颂歌。除了口头传承外，这些传说故事通过客观存在的庙宇楼阁、山川地理等物质载体，以及包括庙会在内的社会文化活动等载体流传到今天，同时也反过来促成了山西独特的民俗习惯、信仰崇拜的传承。“民间文学作为传承性文化现象，不仅仅表现为文学趣味、审美情感、艺术方法的代代相传，而且它能满足不同时代人们的共同需要，在生产劳动、文化创造、民俗生活中得到广泛的应用，并对人们的生活发挥建设的与干预的作用。”民间传说故事作为民间文学，所表达的永远是一定地域范围内大多数人的想法，是一个民族的集体历史文化底色。失去这些传说故事，我们就等于失去了自己的历史。

随着互联网技术的发展，人与人之间的交流方式和内容发生了重大改变，逐渐趋向“网络化、虚拟化”，民间故事的讲述空间也随着人们生活方式的改变而转移了阵地。山西民间传说故事如何与新媒体相融，进行传承和保护，是山西特色民俗文化走向未来的关键。

谐音趣语中的山西风情

汉语中存在大量的单音节词及同音字，谐音特别丰富。民众多利用谐音音同或音近的语音特点来趋吉避凶，是华夏民族传统文化的重要组成部分。山西方言中就存在大量的谐音词语。举一个万荣笑话为例：

大年初一这一天，李财主一大早就起床，满怀希望地端坐在正屋里等着听吉祥话。这时一个新来的伙计走进屋来，李财主于是赶紧问他道："今儿个面发得怎么样？"小伙计回答道："没发，酵子放得少了，发不起来了。"李财主的脸一下子沉了下来，定了定神，接着又问："那么饺子呢？"伙计说："没事儿，好着哩，一个也没挣！"

俗话说："二十九，蒸馒头。"过年时，山西人，特别是晋南人，家家户户习惯蒸馒头、煮饺子。蒸馒头时的"发面"等于"起面"，每次蒸馒头时取酵母窝窝少许，压成粉掺入面内，用水和开，放在热炕上，待发起后再蒸馍，说"发面"是取"发财"之义；在煮饺子时讲究用芝麻秸秆作为柴火，寓意生活节节高；饺子要多煮些，吃得剩下，意味年年有余；饺子如果煮破了，不能说"破"了，要说"挣"了。春节讲究说吉祥话图吉利，李财主启发式地问话，是希望借小伙计的嘴说出"发了""挣了"的吉祥话，以示来年"发财""挣钱"之寓意，却被不谙世故的小伙计气得哑口无言了。

语言崇拜渗透在民间婚嫁、生育、丧葬习俗以及日常生活方方面面，和民俗风情紧密相连，谐音便是其主要的形式之一。方言中存在的大量的同音词、近音词，构成了谐音民俗的语言学基础，而不同地域居民的物质、文化生活以及心理、行为习惯，则孕育出了形形色色、丰富多彩的谐音民俗。

谐音求吉兆，双关寓平安

汉民族的传统文化价值观历来重和谐、盼富贵、祈平安、求吉祥。子孙兴旺、家业昌盛、合家幸福、健康长寿是理想的生活追求。这些渗透在国人心灵深处的价值理念，往往通过一些谐音吉祥物体现出来。民谣曰："过大年，响大炮，爷爷戴了个红缨帽，奶奶快把彩绢罩。孙子要核桃，孙女蹦蹦跳，吃饱喝足拢旺火，看谁更年少。"过大年，燃旺火，求吉利的习俗由来已久，在清代编修的《大同府志》《大同县志》《赵城县志》《寿阳县志》等地方志中都有明确的记载。在辞旧

农家旺火

高升炮竹

迎新、万象复苏之际，燃烧起光焰通红、久久不息的旺火，表达了人们对家业兴旺、日子红火、大吉大利的美好企盼。

再如“高升”。高升是一种鞭炮。在晋南的万荣等地，大年初一的早上，各家都要燃放这种叫高升的炮竹。在“噼里啪啦”的鞭炮声中，人们要喊一声“响响亮亮，年年高升”；如果点火后鞭炮不响，就要赶紧说一声“安安宁宁，步步高升”。

还有“蝙蝠”。走进太谷县的三多堂，在铁皮包裹的屋门上，铁钉铆制的五蝠捧寿图赫然在目。这里，以“蝠”谐“福”，其貌不扬、夜间出行的蝙蝠，就是因为与“福”同音，被人们当成了可以带来幸福的天使。

在晋南话里，“水”是个好东西，这并不仅仅因为晋南缺水，更重要的是，当地方言“水”和“福”“富”谐音，而“麸”“黍”与“水”同音，都代表着福气、富贵。至今万荣、临猗等地仍保留一种风俗：结婚当天，新娘要给长辈举行“暖被窝”仪式。在唢呐鼓乐的伴奏声中，新娘要先将崭新的被褥展开放在老人面前的长桌上，然后手持黍子篾做的笤帚在被子上扫七下，最后在被子的四角放四把麦麸。“黍”“麸”“福”，一组谐音字，表达了新进门的晚辈对长辈晚年生活的美好祝福。

福倒（到）了

在临汾等地区，有专门给小孩子穿“蓝布衣”的习俗。当地人认为，“蓝”和“拦”同音，意寓把孩子“拦住”，一般用老人穿过的旧蓝布衣服缝制而成。穿这样的衣服，孩子可以身体健康，长命百岁，一生平安。

再说人人都离不开的“盐”。大同方言里“缘”和“盐”同音，“盐”就有了“缘分”的意思。过去大同娶媳妇，新郎家要专门挑选一位小姑娘，称为“添缘分姑娘”，来迎接新娘。新娘下轿时，“添缘分姑娘”会手提小花篮，迎上前去，边走边把篮子里的五彩碎纸片和盐撒在新娘身上，这叫“添缘分”。从此，被盐撒过的新娘，与婆家的缘分就会长长久久、永不断联。

晋南话里，由于“发”和“刷”同音，所以“刷子”就成了“发家”的吉祥物代表。万荣有一种习俗，新婚三日后，新娘要回娘家“住十”，十天后回婆家前，要用高粱篾编两把锅刷子。这两把发家的刷子一把留在娘家，一把带回婆家，祝愿两家人都能发大财。

谐音避凶邪，所愿保明哲

鲁迅先生在《祝福》里这样描绘过：“晚饭摆出来了，四叔俨然的陪着。我也还想打听些关于祥林嫂的消息，但知道他虽读过‘鬼神者二气之良能也’，而忌讳仍然极多，当临近祝福的时候，是万不可提起死亡疾病之类的话的；倘不得已，就该用一种替代的隐语，可是我又不知道，因此屡次想问而终于中止了。”这里的“隐语”就是禁忌语。在各种禁忌语中，谐音避凶是比较常见的一种。与谐音求吉相同，谐音避凶也是在同音词、近音词之间进行联想的基础上形成的。一些与不祥有关的实物和话语，是被回避的主要对象。

过去，老大同人过年吃团圆饭时，无论多么丰盛的菜肴都要盛放在各种碗里，而不用盘子盛放。究其原因，竟是“盘子”的“盘”与“盘算”的“盘”同音同字，使用“盘子”，会令人联想起“盘算”的“盘”来。当地人认为富裕人家是不需要为生机盘算的，只有日子过得不宽裕了才需要盘算。为了求得来年的宽裕生活，避免“盘算”着过日子，“过年不吃盘”便成了约定俗成的规矩。

前面所说的旺火，主要用煤块垒起，在燃烧的过程中，不可避免会有坍塌掉落的现象，但在晋北是绝不允许说“塌了”的，而要改说为“谢了”。这是因为当地方言里，商店倒闭才叫“塌了”，追求兴旺的旺火与表示倒闭的“塌”水火不相容，说出“塌”来会给一年的生活、生意带来不利。

山西有些地方在举办婚礼迎亲时，新郎的姑妈和姨妈不能一起去女方家，民俗认为如果去了，会对新婚夫妇不吉利，有

洪洞走亲习俗

“姑不娶，姨不送”的俗语。这是由于“姑”和“孤”、“姨”和“一”同音而形成的避讳。

山西地域广阔，加之众多山脉相隔，因而不同的地区对同样的事物，经常会产生不同的联想以及不同的文化心理。比如，在晋南“鸡”代表着大吉大利，晋北的一种旧俗则是除夕夜不吃鸡，因为他们认为“鸡”和“饥”同音，为了在今后的日子里不再忍饥挨饿，即使再美味的鸡也不能出现在年夜饭的餐桌上了。再如，向亲友赠送物品时，各地应用数字的习惯也不相同。晋南一些地方习惯“送双不送单”，这比较符合汉民族推崇偶数的理念，礼品的数量通常都是“二、四、六、八、十”；晋北大同等地则是“送单不送双”，因为在大同方言口语里，“双”与“丧”同音，为了避免引起不吉利的联想，礼品的数量就只能为“一、三、五、七、九”了。

渗透在山西民众心灵深处的价值理念，在语言崇拜的心理作用下，通过各种谐音吉祥物体现了出来。山西方言中的谐音是一种很普遍的语言现象，它的形成和当地的文化以及心理有着密切的关系。

歇后趣成语，谐音古今事

歇后语，百姓的语言，民间俗称“侃子”，也是一种所谓的隐语。因其语言形式独特，幽默诙谐，妙趣横生，耐人寻味，而广泛流传于民间，深受劳动人民的喜爱。

山西的歇后语是现代汉语方言中颇具表现力的一种语言形式，它结构凝练而又相对灵活，表意幽默风趣而又耐人寻味。其中的谐音歇后语，利用词语的音同音近的关系，说此而意彼，例如：“山西人跺脚——煤（霉）啊”“喝酒不拿盅子——壶（胡）来”“八月十五蒸花糕——趁枣（早）”“滚水锅儿煮吃圪榄子——煮椽（祖传）”“坐到盐房儿吃麻花子——油（游）

八月十五蒸花糕——趁枣（早）

山西的核桃——满仁（瞒人）

手好咸（闲）”等。使用谐音歇后语能使语言表达生动活泼，更具形象色彩。

山西谐音歇后语的产生与流传，不仅与社会生产力的发展有关，还与所处的政治、经济因素相关，更与人们的思维发展水平和思维定式相关。很多谐音歇后语都与当地的特色有关，例如：“山西的核桃——满仁（瞒人）”，山西的汾州盛产核桃，乃是山西省十大特产之一，具有果实个头大、皮薄、出仁率高、香脆可口等优点，所以是“满仁”，“满仁”又谐音“瞒人”，指欺骗别人；“半崖上掏窑——没院（怨）”，窑洞是山西省的传统民居之一，靠崖式窑洞掏在半崖上，一条路通上去，伸手就是家门，感觉像楼房一样没有院子，“院”又谐音“怨”，形容无怨无恨，有怨不得别人之意；“井底下拉弓——上射（社）”，指山西忻州有一个上社村，在井底下拉弓放箭，箭的方向只能朝上射，“上射”正好谐音“上社”。

山西境内流传有很多这样的谐音歇后语，其特点都是在前面一种类型的“引子”基础上，后半部分作为“注释”加入了谐音的要素，具有一语双关的作用，既诙谐形象又便于传承，具有鲜明的地方特色和浓郁的生活气息。

山西身处内地，是一个具有悠久历史文化的地区，山西方言中蕴藏着深厚的文化底蕴和丰富的民族心理。只有全面、深入地了解中华民族的传统文化，才能深入体会和理解谐音所蕴含的民族文化内涵和民族文化特征。

“每一种语言本身都是一种集体的表达艺术，其中隐藏着一些审美的因素，语音的、节奏的、象征的、形态的，是不能和任何别的语言全部共有的。”谐音作为一种语用现象被汉语使用者普遍使用，其中更深层的原因是中国人趋吉避凶的心理和思维方式。语言可以求吉，也可以避凶。求吉、避凶是汉民族语言文化心理十分重要的两个方面。

谐音主要源于人们对于语言力量的信仰，相信语言具有超自然的力量，希冀通过支配这些语言的读音或文字，从而进一步支配与它们相关或由它们所代表的事物，使之朝着人们所期待的方向发展变化。通过谐音，许多原本普普通通的事物会顿时充满了喜庆和吉祥的奇幻色彩，一些原本不太吉利的事物也似乎变得可控而不再过于恐怖。通过这种语言上的力量和变

化，人们表达了对美好幸福生活的追求和摆脱厄运的企望。随着社会生产力的发展和时代的进步，人们的思维方式也产生了变化，从而进一步影响到民众的语言和行为。例如垒旺火时需要消耗大量的煤炭，并且污染空气、容易引发火灾，于是很多地方在政府的干预下，开始使用环保旺火。

中华民族一直就具有善联想、重形象的思维特点。在人类历史发展过程中，人们不自觉地使用这些世代传承下来的习惯表达方式，并在日常生活中广泛运用，同时按其构词组句的思维模式不断创造出当地人喜闻乐见的新词新语，流传下来就成了宝贵的口头文化遗产，在不断发展变化中反映着社会的发展变迁。

参考文献

陈华文:《民俗文化学》，浙江工商大学出版社，2014 年。

董晓萍:《民俗非遗保护研究》，文化艺术出版社，2016 年。

郭立诚:《中国民俗史话》，百花文艺出版社，2005 年。

郝文华、白云霞编著:《谐音词里的民俗》，语文出版社，2019 年。

黄涛:《语言民俗与中国文化》，人民出版社，2010 年。

晋旅主编:《山西故事・民俗风物》，山西人民出版社，2015 年。

李金梅:《晋东南方言谚语文化信息解读》，《文化学刊》，2015 年第 4 期。

李婷婷:《民间语言就是最好的文学语言》，《三湘都市报》，2012-9-9(A12)。

李阳、董丽娟:《民俗语言学研究史纲》，社会科学文献出版社，2011 年。

柳长江、王晖:《三晋民俗文化》，山西春秋电子音像出版社，2006 年。

聂元龙:《山西民俗摭拾》，山西人民出版社，2012 年。

乔润令:《山西民俗与山西人》，中国城市出版社，1995 年。

曲彦斌主编:《语言民俗学概要》，大象出版社，2015 年。

山西省地图集编纂委员会:《山西省民俗地图集》，西安地图出版社，2015 年。

苏新春:《文化语言学教程》，外语教学与研究出版社，2006 年。

陶思炎:《应用民俗学》，江苏教育出版社，2001 年。

王洪江:《山西方言俗语文化信息解读》，《太原师范学院学报(社会科学版)》，2010 年第 4 期。

温幸、薛麦喜主编:《山西民俗》，山西人民出版社，1991 年。

吴建生:《漫话山西方言文化》，山西春秋电子音像出版社，2005 年。

张文昌:《浅析山西传统地域文化》，《科教文汇》，2008 年第 1 期。

张筠:《论呈现为民俗文化的活态语言》，《青海社会科学》，2012 年第 3 期。

钟敬文主编:《民间文学概论》，高等教育出版社，2010 年。

祝鹏程:《2018 年民间文学研究报告》，《民间文化论坛》，2019 年第 1 期。

后　记

山西表里河山，历史悠久，民俗文化资源丰富多样，地域特色十分明显。开展对山西民俗的研究，是我们在前期《山西文明史》研究基础上对山西文明研究的进一步细化与深入，这对于加强民俗文化资源的保护与利用，重塑山西精神，坚定文化自信，助推文旅融合，都具有积极意义。

《民俗山西》（共十册）于 2016 年 5 月立项并正式启动，由杨茂林担任学术指导及主编，董永刚具体负责组织实施，韩雪娇配合。该书在撰写上主要以社科院历史所人员为主，同时吸收了经济所、社会学所、语言所、原晋商研究中心、《五台山研究》编辑部等多位同志参与。由于该书内容庞杂、覆盖面广，为了尽可能做到材料详尽、史料准确，在编写过程中，项目组多次组织作者们分赴晋西北、晋南和晋东南等多地展开调研，并积极调动各方社会资源为书稿的编写提供线索和材料，有效地保证了项目的进度和质量。到 2019 年 10 月，全套初稿基本完成，但囿于撰写时间较短和作者专业不同的限制，书稿在写作风格、行文笔触、史料选取、图片使用及篇幅大小上存在

明显不一，与最初设计有一定距离。为此，在杨茂林的统一指导下，我们又用了一年多时间，几经易稿，每一册书较前期都有大幅度的改动。直到 2021 年 9 月，整套丛书的修改和配图才基本完成并启动出版流程。难度不谓不大！

作为一套图文并茂的文化普及类图书，无论文字还是图片要求，与普通出版物有很大区别，尤其在图片的搜集和使用上，其困难超出我们的想象。为了得到好的图片资源，山西省考古研究院刘岩副院长、洪洞县文物旅游局刘慧副局长、黎城县民间文艺家协会李建华主席、商务印书馆薛亚娟女士、山西人民出版社席青女士等给予了我们很大支持。该丛书出版前夕，山西省书画院韩少辉院长欣然为本书题写了书名，在此，我们表示衷心感谢！同时也向在编写过程中给我们提供指导和提出建议的社会各界朋友表示诚挚的谢意！由于民俗图片要求特殊，本书在图片搜集过程中，也针对性地选取了几张源于图书和网络的图片，但未能与作者取得联系，为此，我们向作者表示歉意！必要情况下可以和出版社或本书作者取得联系。

编写此类图书是我们的第一次尝试，尽管我们付出了很多努力，但总难免有欠妥与谬误之处，恳请广大读者朋友及专家、学者提出宝贵意见和建议，以便改进我们的工作！

《民俗山西》编写组

2022 年 1 月